Lieblings-plätze DRESDEN

Lieblingsplätze

DRESDEN

GMEINER

JAN HÜBLER

Autor und Verlag haben alle Informationen geprüft. Gleichwohl wissen wir, dass sich Gegebenheiten im Verlauf der Zeit ändern, daher erfolgen alle Angaben ohne Gewähr. Sollten Sie Feedback haben, bitte schreiben Sie uns! Über Ihre Rückmeldung zum Buch freuen sich Autor und Verlag: lieblingsplaetze@gmeiner-verlag.de

Sofern nicht im Folgenden gelistet, stammen alle Bilder von Jan Hübler:
Michael Sollfrank 12, 24, 26, 32, 44, 68, 70, 74, 84, 88, 128, 152, 166, 168; Norbert Millauer 162

QR-Code einscannen und kostenloses E-Book anfordern.

Besuchen Sie uns im Internet:
www.gmeiner-verlag.de

1., überarbeitete Neuausgabe 2022

Im Ehnried 5, 88605 Meßkirch
Telefon 07575/2095-0
info@gmeiner-verlag.de

Lektorat/Redaktion: Anja Kästle
Herstellung: Julia Franze
Bildbearbeitung/Umschlaggestaltung: Susanne Lutz
unter Verwendung der Illustrationen von: © askaja – www.stock.adobe.com; © Susanne Lutz; © mohamed Hassan – www.pixabay.com; © natbasil – www.stock.adobe.com
Kartendesign: © Maps4News.com/here
Druck: AZ Druck und Datentechnik GmbH, Kempten
Printed in Germany
ISBN 978-3-8392-0215-9

DRESDEN – ALTSTADT

DRESDEN – NEUSTADT

DRESDEN – ERWEITERTES STADTGEBIET

RADEBEUL – DAS »SÄCHSISCHE NIZZA«

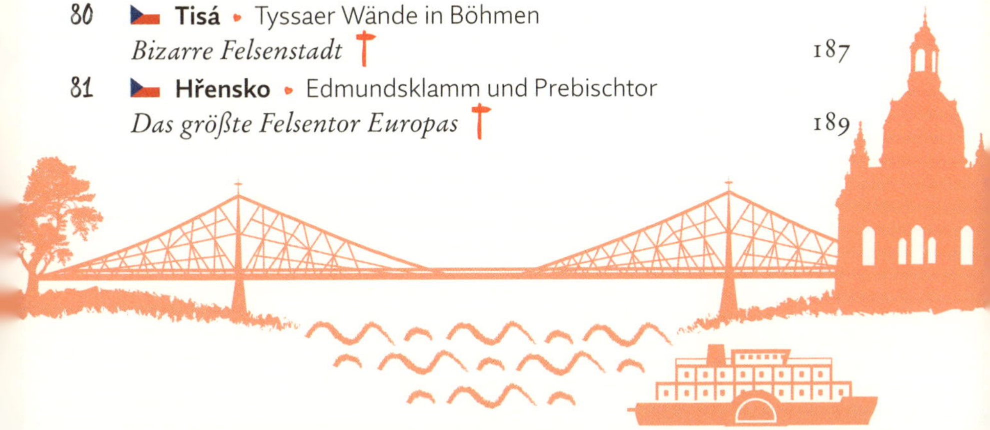

EINE PROVINZIELLE KULTUR-HAUPTSTADT

Eine Einladung

Dies ist ein Zweitreiseführer. Es geht in diesem Büchlein nicht um lückenloses Aufzählen der Tophighlights, sondern eher um individuelles wie poetisches Betrachten aus der sehr persönlichen Perspektive des Autors. Wert wird insbesondere auf bewusstes Genießen der speziell aufbereiteten Plätze gelegt. Ich freue mich, Ihnen auf den nächsten Seiten meine Heimatstadt Dresden aufzufächern, eine Stadt, die ich einerseits mit kritischer Distanz beobachte, der ich andererseits in tiefer Zuneigung verbunden bin.

Dresden besitzt Schwingungen, die Kraft geben, Energien ausstrahlen und in Bann ziehen. Es ist eine Stadt der Kontraste. Kriege haben die Stadt gebeutelt. Die Narben des letzten sind bis heute unübersehbar. Die Zerrissenheit der Stadt weist allerdings auch auf eine beeindruckende Vielfalt hin. Auf engem Raum bietet Dresden unterschiedlichste Charaktere: vom musealen Neumarktareal um die Frauenkirche zur schrägen Neustadt, von der DDR-Flair verströmenden Prager Straße bis hin zum beschaulichen Laubegast, vom proletarisch angehauchten Löbtau bis zur vornehmen Villengegend Blasewitz.

So hat sich die innere Altstadt, ein Symbol des Festhaltens an alten Werten, zu einer Kopie eines Barockviertels entwickelt. Die Innere Neustadt trägt mit Goldenem Reiter, Hauptstraße und Königstraße teilweise ebenfalls sehr barocke Züge, wenn auch weniger monumental, während die Äußere Neustadt jenseits vom Albertplatz szeniger, kultiger, jugendlicher und lebendiger wirkt – mit Hinterhofcafés und Kneipen, Jazz-Bars und kleinen Kinos –, kurzum das pralle Leben! Dresden ist eine der wenigen Städte in Sachsen, die so richtig am Aufblühen sind. Die Stadt strahlt eine Lebensqualität aus, die auf immer mehr Menschen magnetisch wirkt. Seit der Wende ist viel Geld nach Dresden geströmt. So konnte die Stadt auch nach dem Elbehochwasser 2002 dank eines großzügigen Hilfsfonds frisch geputzt aus den Fluten auftauchen. Ebenso erwiesen sich 2006 einige Steuermillionen extra zum 800. Geburtstag der Stadt als ein wahrer Segen.

Dresden öffnet sich zum Fluss, zum Wasser, wie kaum eine andere Großstadt in Deutschland. Die breit gezogenen Elbwiesen sind unbebaut, und selbst im Stadtzentrum nimmt die Architektur in aufgeschlossener Weise Bezug zum Fluss – man denke nur an die Brühlsche Terrasse und den Canaletto-Blick.

Dresden als Kunststadt hat sich zu neuer Blüte aufgeschwungen. An erster Stelle ist der Wiederaufbau des Schlosses als Museumstempel für bedeutende Kunstsammlungen zu nennen. Was außer am Schloss seit der Wende in unserer Stadt an Aufbauarbeit passiert ist – Hut ab – da können wir nur froh sein! Dresden ist zweifelsohne eine Stadt der Kultur. Da ist für jede Altersklasse etwas dabei. Der Dresdner rennt hin, wenn wo was los ist. Er trägt ein enormes Potenzial an Neugierde und Aufgeschlossenheit in sich. Der Dresdner sagt: »Kumm, da latschn mir ma hin, das müssn mir geseen hamm!« Das Publikum ist durchaus kritisch, offen für alles, enthusiastisch und nicht übersättigt.

Es gibt einen kurzen, knackigen Spruch: Der Sachse ist »gemiedlich, helle und fichelant« (gemütlich, schlau, sich durchlavierend). Also Vorsicht! Unter dem gutmütigen Wesen kann jederzeit ein messerscharfer Verstand seine Machete wetzen und zum Gegenschlag ausholen. Oder der Sachse »tut eindiggschen« (ist beleidigt), dann hat der andere »abgegessen« (die Sympathie verscherzt)! Der sächsische Dialekt ist sich gesamtdeutscher Häme sicher und erwehrt sich ihrer mit stoischem Gleichmut und trotzigem Augenzwinkern. Sinnbild sächsischer Lebensfreude ist für mich seit Jahren das Elbhangfest, eine Riesenparty mit über 70.000 Leuten immer Ende Juni zwischen Körnerplatz und Pillnitz mit jährlich wechselndem Motto, zum Beispiel »Verschwommen sieht der Lachs uns kommen« anno 1999 oder aktueller im Lutherjahr 2017 »Martins Most und Katharinas Äpfel« oder »Diddschn statt Diggschn« 2019.

Dresden hat etwas liebenswert Provinzielles. Das Passantenbild auf Straßen und Plätzen wirkt weit weniger multikulti im Vergleich zu anderen Städten wie Stuttgart, Frankfurt am Main oder Berlin. Der Dresdner liebt seine Wurzelscholle. Einmal Dresdner – immer Dresdner! Die meisten bleiben zeitlebens gerne in dieser ihrer Stadt oder kommen zurück. Dresden punktet nicht zuletzt durch seine Lage inmitten einer wundervollen Umgebung, eine märchenhafte Landschaftsvielfalt in allen vier Himmelsrichtungen. Es ist kein Zufall, dass dieses Buch elf Erlebnistouren ins Umland extra vorstellt.

Dresden, über 555.000 Einwohner, Tendenz steigend.
Ausdehnung: 329 Quadratkilometer

DRESDEN – ALTSTADT

SIE UMGARNT JEDEN NEUANKÖMMLING

Altstadt

Die Altstadt ist nicht nur statistisch mein eindeutiger Favorit! Was war sie grau und von Kriegsruinen durchzogen bis zur Wende, düster wie die Schwarz-Weiß-Bilder meiner Praktica-Kamera. Nach dem Mauerfall wurden nicht nur die Fotos bunt, auch die vielen historischen Gebäude in der Altstadt belebten sich und gewannen an Farbe.

Die Altstadt konzentriert sich auf eine Fläche von nur zwei Quadratkilometern. Ihre Außengrenzen markieren im Norden die Elbe, im Westen und Süden der Bogen der Eisenbahntrasse bis zum Hauptbahnhof und im Osten die Petersburger Straße. Die innere Altstadt umfasst das historische Stadtzentrum zwischen Elbe und Wilsdruffer Straße vom Zwinger bis zum Albertinum. Die äußere Altstadt ist sozusagen der Rest.

Zum einen zieht das barocke Gebäudeensemble der Altstadt den Besucher in seinen Bann, zum anderen begründet die Vielzahl von Museen mit all den Kunstsammlungen Dresdens Attraktivität für Reisende. Andere Städte wären froh, wenn sie eine einzige Präsentation von derartiger Hochkarätigkeit zu bieten hätten. Dresden weist an die 50 Museen auf, da könnte man schon ein paar Tage zusätzlich einplanen …

Als eine der ersten Sehenswürdigkeiten wurde nach dem letzten Krieg der Zwinger wieder aufgebaut. Seine rasche Wiederauferstehung sollte den deprimierten Dresdnern Mut machen, gemäß dem Motto: Schaut, so wie das barocke Glanzstück wird ganz Dresden bald wieder erblühen, wenn wir nur alle anpacken und zielgerichtet darauf hinarbeiten! Jetzt ist es so weit! Nach mehr als 70 Jahren ist die innere Altstadt bis auf einige Sozialismusüberbleibsel an der Wilsdruffer Straße in romantischer Fassadengestalt wiederauferstanden. Maßstab eins zu eins. Fast wie im 18. Jahrhundert. Fast. Hinter den Scheinbarockfenstern und Giebelchen hat sich der Komfort unserer modernen Zeit versteckt und eingenistet, im Quartier QF ebenso wie in verschiedenen Hotels. Warum traute man sich nicht auch äußerlich an den Bruch? Mag sein, dass wir uns nach fernen, längst vergangenen Zeiten sehnen und dass der barocke Zeitgeschmack vor 250 Jahren den Sachsen heute noch schwach werden lässt, mich nicht ausgenommen, denn »so ä bissl scheen sieht's schon aus«. Das neobarocke Altstadtbild mag ein Grund sein, warum sich der Magnetismus auf junge Touristen in Grenzen hält. Es gibt wenige peppige und verrückte Anziehungspunkte. Kleine Störungen in den Barockhäusern wie Glasfassaden oder eloxierte Rechteckfenster am Neumarkt reichen nicht aus, um neugierige Jugendliche aus

Gesamteuropa anzulocken. Stattdessen wurde die Elite an Architekten mit einer gewissen Regelmäßigkeit von der Stadt verprellt.

Es ist so, wie es ist. Generell lässt sich an den großen Plätzen der Altstadt ein Mangel an Flair beobachten: Altmarkt, Postplatz und Neumarkt. In einigen Fällen wirken die riesigen Steinflächen durch ihre Kulisse, das ist ja schon mal was! Als vorteilhaft erweisen sie sich für Festivitäten, angefangen beim legendären Dixieland-Festival im Mai über das Stadtfest im Sommer bis hin zu den Weihnachtsmärkten, bei denen jeder Quadratmeter »überbudet« wird. Extrem finde ich in der Altstadt die abrupten Schnittstellen zwischen heiler historischer Fassade und dem aktuellen Nichts. Es gibt Plätze, da reicht eine Drehung um 180 Grad. Sie stehen im Zwinger, auf der Balustrade neben dem Kronentor und schauen in die vollendete Verspieltheit barocker Formen und Ensembles. Jetzt drehen Sie sich um und wie ein Hammerschlag trifft Sie der Postplatz, ein weithin gähnend leeres Granitareal mit einem großen roten Torbogen, im Volksmund profan »Teppichstange« benannt.

Die äußere Altstadt drückt deutlicher die Zeitperioden aus, in denen die Architektur entstand: die gesichtslosen Betonsilos auf der Prager Straße aus den 70ern oder die Häuserzeilen aus den 50ern und 60ern zwischen Ermischstraße, Liliengasse und Reitbahnstraße. Einzelne historische Gebäude dazwischen, wie die Annenkirche, wirken beinahe wie Fremdkörper. Kein Zweifel, dass die sozialistische Wirtschaft im Nachkriegsdresden nicht die Schlagkraft hatte, mit Fantasie und Kreativität ein neues originelles wie traditionsbezogenes Stadtzentrum zu gestalten.

Mit sächsischem Humor lässt sich enorm viel tolerieren, alle Torheiten dieser Welt und erst recht die in der eigenen Stadt. Beispiel gefällig? Im Schauspielhaus, dem großen Musentempel am Zwinger, werden seit Jahren am Tag der Deutschen Einheit die sächsischen Lieblingswörter gekürt. Hier eine kleine Kostprobe einiger Gewinnerwörter: Hornzsche, Renfdl und Bladsch (Kategorie beliebtestes Wort des Jahres), bäbbeln, diggschn und plumpn (bedrohtestes Wort), dschidschoriengrien, bomforzionös und Dämse (schönstes Wort).

Zum Verständnis des sächsischen Dialekts sei an der Stelle noch darauf hingewiesen, dass der Sachse gerne mehrere Wörter zusammenzieht, sodass ein einziges Wort zu entstehen scheint wie zum Beispiel: Oorschwerbleede!

1

Zwinger
Theaterplatz
01067 Dresden
0351 438370357 (Zwinger Xperience)
www.der-dresdner-zwinger.de
www.schloesserland-sachsen.de
www.zwinger-xperience.de

VERBORGENE OASE FÜR DIE SINNE

Zwinger – Nymphenbad

Sie kommen vom Theaterplatz, spazieren durch steinerne Bögen in den Zwinger, bestaunen für einige Momente den erhabenen Anblick der barocken Hofanlage, lustwandeln rechts über eine Freitreppe durch den Französischen Pavillon und schon stehen Sie im Nymphenbad.

Es ist wie eine eigene Welt. Verspielt. Leicht. Entrückt. Der Alltag ist von einem abgefallen und hinter dem Horizont verschwunden. Die Luft wirkt frischer, abgekühlt durch diverse Fontänen des barocken Brunnens. Seine Wasserfälle rauschen. Die Sonne hat Mühe, in diesen kleinen Hof hineinzudringen. Schafft eine schattigere Atmosphäre.

Schöne Frauen, in Sandstein gehauen, flankieren das Badebecken. Sie posieren in separaten Nischen. Von den Treppen gesehen entledigen sich in der linken Reihe acht steinerne Damen anmutig ihrer Gewänder. Rechts stehen ihnen acht weitere Nymphen gegenüber, die bereits gebadet haben und sich anmutig in Tücher hüllen. Alle Nymphen stammen aus der Werkstatt von Balthasar Permoser, jenes genialen Bildhauers, der auch für die über 600 Putten im Zwinger in seiner Entstehungszeit zwischen 1709 und 1732 verantwortlich zeichnet. Eine einzige Original-Nymphe ist noch vorhanden, die zweite in der rechten Reihe. An dieser Skulptur wird der Schwerpunkt weiblicher Sinnlichkeit zu Zeiten des Barocks deutlich: die Bauchpartie mit dem üppigen »Sächsischen Hüftschwung«. Alle anderen Plastiken stammen aus den 20er-Jahren des vergangenen Jahrhunderts.

Übrigens versank das Nymphenbad nach dem Ende der Barockära um 1750 in einen wahrhaftigen Dornröschenschlaf. Es galt in der nachfolgenden Biedermeierzeit als nicht schicklich, Frauen im öffentlichen Raum nackt darzustellen, auch wenn sie in Stein gehauen waren. Über 100 Jahre war das Nymphenbad von Hecken und Ranken zugewuchert, bevor es Anfang des 20. Jahrhunderts wieder von Blättern und Zweigen befreit wurde.

Im Französischen Pavillon die multimediale Dauerausstellung Zwinger Xperience besuchen, eine Zeitreise durch die Geschichte des Zwingers!

2

Café Alte Meister
Theaterplatz 1a
01067 Dresden
0351 4810426
www.altemeister.net

SCHÖNSTER BLICK AUF DEN THEATERPLATZ!

Café Alte Meister

Drei Wege führen zu diesem Café: Entweder Sie treten als Besucher der Gemäldegalerie seitwärts durch eine Glastür und stehen mitten im Café. Oder Sie spazieren die Rampe vom oberen Plateau des Nymphenbades herunter und schwenken rechts über eine kleine Treppe ein. Halt – noch nicht weitergehen! Von der obersten Stufe haben Sie den besten Blick auf den Theaterplatz. Der dritte Weg führt direkt vom Theaterplatz zur Statue von Carl Maria von Weber.

Innen bietet das Café edles Ambiente. Noch reizvoller finde ich in der warmen Jahreszeit den Außenbereich: Sie hören so gut wie keine Straßengeräusche. Sie können wählen zwischen sonnigen Plätzen und schattiger Kühle unter Schirmen. Wer Glück hat, erwischt einen Liegestuhl! Sie blicken an der Statue von Carl Maria von Weber vorbei auf den weiten Platz. Muße macht sich breit. Was für ein erhabener Moment an signifikanter Stelle.

Gedanken flattern durch den Kopf. Wie mag es Carl Maria von Weber (1786–1826) in dieser Stadt ergangen sein? In Bronze gegossen blickt er nachdenklich auf die Semperoper. Zehn schöpferische Jahre hat der Komponist und Kapellmeister in Dresden gelebt. Mag sein, dass es für Weber ein schwacher Trost gewesen wäre, zu wissen, dass seine Oper *Der Freischütz* als letzte vor der Kriegszerstörung (August 1944) und wieder als erste Vorstellung bei der Neueröffnung (13. Februar 1985) aufgeführt wurde. Das Denkmal hat übrigens Ernst Rietschel 1860 geschaffen, ein Dresdner Bildhauer, dessen Name noch des Öfteren in diesem Buch fallen wird.

Entweder Sie passieren nun wieder die Glastür nach innen und setzen Ihren Besuch in der Galerie Alte Meister fort. Zweite Möglichkeit: Sie schlendern auf den Theaterplatz und peilen das Reiterdenkmal von König Johann an. Dritte Option: Sie steigen die kleine Treppe links hinauf und die Rampe zum Nymphenbad empor. Sie ahnen, was nun als letzter Tipp kommt: Auf der Treppe nochmals umdrehen und zurückblicken!

Dresdner Eierschecke genießen und den Rundgang in der Gemäldegalerie fortsetzen!

8

Gemäldegalerie Alte Meister
Zwinger
Theaterplatz 1
01067 Dresden
0351 49142000
www.skd.museum

BEZAUBERND NOCH NACH 500 JAHREN

Sixtinische Madonna in der Gemäldegalerie Alte Meister

Wie gelang es, den kirchlichen Würdenträgern dieses Bild abzuluchsen und 1754 nach Dresden zu transportieren? Ein Monumentalbild von 256 mal 196 Zentimetern auf Pferdefuhrwerken aus dem Herzen Italiens über Alpenpässe durch Böhmen unbeschadet bis in die Residenzstadt zu bringen – das war auch logistisch eine beeindruckende Leistung! Die Italiener wussten um den Wert des Bildes: Raffael galt längst als Meister genialer Renaissancewerke.

Letztendlich gab Geld den Ausschlag, sehr viel Geld des Kurfürsten. Der Kaufpreis soll dem Wert einer Kleinstadt wie Pirna entsprochen haben … Als sich das Gemälde auf seine lange Reise nach Norden begab, war es bereits über 240 Jahre alt. Seit 1512 schmückte es, von Papst Julius II. in Auftrag gegeben, die Rückseite des Altars von San Sisto in Piacenza – ein etwas stiefmütterlicher Platz. Das ist in Dresden anders: Unübersehbar prangt es an der Stirnseite des zentralen Saales in der Gemäldegalerie Alte Meister und zieht alle Blicke auf sich. Allein im Jubiläumsjahr zog die Madonna 470.000 Besucher in zwei Sonderausstellungen.

Die Madonna hält das Jesuskind. Ein Heiliger blickt zu ihr empor, während eine Frau zur Rechten den Blick demütig senkt und auf zwei Engel am unteren Bildrand lenkt. Die beiden Knaben haben etwas Keckes an sich und sind mit ihren Engelsflügelchen inzwischen bekannter als das Monumentalbild selber. Auf unzähligen Tassen, Lesezeichen, Postkarten und Postern werden sie mit ihren tollpatschigen Körperposen weltweit in Souvenirläden vermarktet – mehr, als ihnen vielleicht lieb wäre. Die Knaben schauen im Gemälde zur Madonna empor, und so kreist der Blick des Betrachters im Rahmen und wird immer wieder zur zentralen Lichtgestalt mit dem Baby geführt. Maltechnisch birgt auch der Hintergrund eine Überraschung in sich: Von Weitem scheinen Wolken die Figuren zu umschweben. Bei näherer Betrachtung entpuppen sich die grauen Gebilde als Engelsköpfe!

Den Platz als wahrhaft schönste Frau macht ihr in der Gemäldegalerie lediglich Giorgiones *Schlummernde Venus* streitig.

4

Friedrich-Schiller-Statue vor der Semperoper
Theaterplatz 2
01067 Dresden
0351 4911705
0351 3207360 (Führungen)
www.semperoper.de
www.semperoper-erleben.de

250 JAHRE, LEBENDIGER DENN JE

Friedrich-Schiller-Statue vor der Semperoper

Er sitzt da und guckt. Schöne Aussicht auf den Theaterplatz mit Schloss und Hofkathedrale. Schillers Blick geht über sie hinweg, schweift in höhere Sphären empor, irgendwo in die Wolken, scheint sich im Himmel göttliche Inspiration zu erhoffen. Direkt am Haupteingang des berühmten Opernhauses thront er am Portal. Seine rechte Hand scheint beschwichtigen zu wollen. Neben Schiller sitzt auf der anderen Portalseite kein Geringerer als Goethe.

Freunde sind sie nach vorsichtiger Annäherung einst geworden – Goethe und Schiller. Sie sitzen versteinert nebeneinander und ignorieren sich geflissentlich. Zu Lebzeiten haben sie sich respektiert. Das wusste auch der Dresdner Bildhauer Ernst Rietschel, der die beiden Literaturikonen für das erste Opernhaus zwischen 1838 und 1841 schuf. Als die erste Semperoper 1869 bis auf die Grundmauern abbrannte, konnten die Statuen gerettet und beim Bau der neuen Oper zwischen 1871 und 1878 wieder eingepasst werden.

Von Ernst Rietschel stammt auch das Goethe-Schiller-Denkmal vor dem Nationaltheater in Weimar. Als der Bildhauer sein Werk vor den Auftraggebern präsentierte, gab es lange Gesichter. Rietschel hatte wahrheitsgemäß Schiller einen Kopf größer als Goethe modelliert. Das durfte nicht sein! Rietschel musste sein Werk noch einmal neu ausformen. Das Modell steht übrigens im Albertinum im Mosaiksaal: auf den Millimeter exakt gleich groß!

Schiller brachte leider für die Mentalität der Dresdner wenig Toleranz auf. In einem Brief an seine Schwester bezeichnete er sie als ein »zusammengeschrumpftes und unleidliches Volk«. Undankbarer Dichter! Dabei ging es Schiller gut in den knapp zwei Jahren seines Aufenthaltes in Dresden, unter den Fittichen seines Freundes und Mäzens Christian Gottfried Körner.

Zum Glück ist der Sachse gutmütig. Lassen wir ihn also in Ruhe weiterträumen auf seinem steinernen Sockel an der Semperoper.

Führungen durch das Opernhaus können Sie in der Schinkelwache ordern oder direkt am Haupteingang.

5

Schinkelwache
Besucher-Service und
Theaterkasse für die
Semperoper
Theaterplatz 2
01067 Dresden
0351 4911705
www.semperoper.de

JAHRHUNDERTEALTE GESCHICHTE

Theaterplatz

Für meinen Geschmack offenbart der Theaterplatz ein 360-Grad-Panorama von seltener Vollkommenheit. Wenn Sie sich einmal um Ihre eigene Achse drehen, bieten die den Platz umkränzenden Gebäude eine Zeitreise durch einige Jahrhunderte. Am besten, Sie setzen sich dazu auf die im Sommer angenehm warmen Steinstufen des Reiterdenkmals von König Johann in der Platzmitte.

Chronologisch beginnen Sie Ihren Rundblick mit dem ältesten Gebäude, dem Schloss. Seine Grundmauern sind ungefähr so alt wie die Stadt selber, die 1206 das erste Mal urkundlich erwähnt wurde. Über vier Jahrhunderte war das Schloss bis 1918 Wohn- und Regierungssitz der sächsischen Landesfürsten, der Dynastie der Wettiner. Die ursprünglich romanische Burganlage wurde Mitte des 16. Jahrhunderts in ein prunkvolles Renaissanceschloss umgebaut, als die Wettiner von Meißen in ihre neue Residenzstadt Dresden umzogen.

Das zweitälteste Prachtgebäude am Platz aus der Glanzzeit des Hochbarocks Mitte des 18. Jahrhunderts ist die Katholische Hofkirche. In der Altstädter Wache, auch Neue Hauptwache oder Schinkelwache genannt, erkennen Sie beispielhaft den klassizistischen Baustil von 1830 nach Plänen des preußischen Architekten Karl Friedrich Schinkel.

Der Museumsbau von Gottfried Semper schließt den Zwinger nach außen ab und wurde erst 1855 errichtet. Schillerndstes Gebäude am Platz ist das Opernhaus von Semper, in den Jahren 1871–1878 ganz im Stil der italienischen Hochrenaissance gebaut. Als letztes Gebäude in der Runde befindet sich dort die vom Stadtbaurat Hans Erlwein entworfene Gaststätte Italienisches Dörfchen.

Sämtliche Gebäude im weiten Rund sind übrigens am 13. Februar 1945 Opfer des flammenden Infernos im Zweiten Weltkrieg geworden – heute sehen Sie Nachbauten. Im Gegensatz dazu galt König Johann, zu dessen Füßen Sie noch immer auf warmen Stufen sitzen, als friedliebender Monarch. Respektvoll von unten betrachtet, ist sein Spitzname einleuchtend: der Poet auf dem Thron!

Unterhalb vom Platz schwimmt am Elbufer der Theaterkahn, der Musentempel des Schauspielers Friedrich-Wilhelm Junge.

6

Kathedrale – Ehemalige Katholische Hofkirche
Schloßstraße 24
01067 Dresden
0351 31563138 (Führungen)
www.bistum-dresden-meissen.de
www.dresden-und-sachsen.de

PRACHTVOLLER ITALIENISCHER BAROCK

Kathedrale – Ehemalige Katholische Hofkirche

August der Starke hatte nicht einmal von ihr zu träumen gewagt. Erst sein Sohn August III. von Polen realisierte den Bau der Prachtkirche auf Drängen seiner erzkatholischen Frau Maria Josepha. Der Ehrgeiz nach der Königskrone von Polen hatte Vater und Sohn zum Katholizismus konvertieren lassen. Aus Furcht vor dem protestantischen Volkszorn wurde der Bau anfangs als ein neuer Flügel des Schlosses deklariert, bis sich der Bestimmungszweck nicht mehr leugnen ließ.

1738 begonnen, zog sich der Bau über 16 Jahre hin. 500 italienische Arbeiter wohnten in Hütten auf dem Theaterplatz (daher der alte Name Italienisches Dörfchen).

Der Baumeister Gaetano Chiaveri hatte die Idee, besserer Wirkung wegen die Kirche schräg zur Augustusbrücke auszurichten. Ein Betreten der Kathedrale, dieses Meisterwerks römischen Spätbarocks, lohnt sich unbedingt! Sie werden von Größe, lichter Weite und Schlichtheit des Kirchenschiffes überrascht sein. Original erhalten sind das zehn Meter hohe Altarbild von Mengs (das größte Ölgemälde von Dresden), die Barockkanzel von Permoser und das Wertvollste aller Interieure: die Silbermann-Orgel. Dresden hatte bis zum Zweiten Weltkrieg drei Orgeln des berühmten sächsischen Orgelbauers. Nur der Propst in der Hofkirche hatte zur rechten Zeit die Intuition, dass Gefahr besteht. Er ließ die Orgel demontieren. Alle 3.000 Orgelpfeifen wurden einzeln in Ölpapier eingewickelt und im Kloster Marienstern in der Lausitz sicher eingelagert. Während in der Frauenkirche und in der gotischen Sophienkirche in der Brandnacht die Orgeln mitzerstört wurden, konnte in der Hofkirche beim Wiederaufbau in den 50ern die alte Orgel original montiert werden und erfreut seitdem Musikliebhaber aus aller Welt.

Ob beim Klang der Zinnpfeifen auch das Herz von August dem Starken höher hüpft? Es liegt in einer silbernen Kapsel unten in der Kirchengruft. Eine Legende besagt, dass das Herz anfängt zu hopsen, sobald eine schöne Frau durch die Gruft spaziert … Augusts restlicher Körper liegt auf der Burg Wawel in Kraków aufgebahrt.

Orgelkonzerte finden jeden Mittwoch und Sonnabend statt.

7

Hotel Taschenbergpalais Kempinski
Taschenberg 3
01067 Dresden
0351 49120
www.kempinski.com

Paulaner im Taschenberg
Taschenberg 3
01067 Dresden
0351 4960174
www.paulaners-dresden.de

DAS ERSTE FÜNFSTERNEHOTEL IN SACHSEN

Hotel Taschenbergpalais Kempinski

Was für ein nobler Palazzo! Er wirkt wie aus dem Ei gepellt, und doch, was war es seit dem Zweiten Weltkrieg bis zur Wende 1989 für eine erbarmungswürdige Ruine, in der die Birken wuchsen. Die Geschichte dieses Gebäudes ist so bizarr wie die barocke Verschnörkelung an seiner Außenfassade.

Eine vornehme Adresse war dieses Stadtpalais bereits bei seinem Neubau 1705–1708 unter Federführung des Architekten Karcher, denn August der Starke wollte seiner neuen Mätresse Anna Constantia von Hoym eine angemessene Wohnung bieten. Unzählige Räume, mehrere Hundert Quadratmeter Wohnfläche auf drei Etagen verteilt mit Dutzenden Bediensteten, so ließ es sich aushalten.

100.000 Taler Apanage im Jahr für die Mätresse des Kurfürsten war eine unvorstellbare Summe, bedenkt man, dass der Hofarchitekt Matthäus Daniel Pöppelmann mit 1.200 Talern im Jahr zurechtkommen musste, George Bähr – der Baumeister der Frauenkirche – gar nur mit 600 Talern. Bei diesem Gefälle war ihr der Neid des gesamten Hofes sicher.

Acht Jahre stand sie in der Gunst des sächsischen Herrschers als Reichsgräfin von Cosel. Augusts offiziell angetraute Kurfürstin Eberhardine war über Jahrzehnte zum Frömmeln ins Renaissance-Schloss und Landsitz Pretzsch bei Torgau verbannt.

Die Mätresse gebar August drei Kinder, die er anerkannte und unterstützte. Höfische Intrigen und der Überdruss seiner Majestät wurden ihr Verhängnis. Gräfin Cosel musste das Coselpalais räumen und fristete ab 1713 als Staatsgefangene auf Burg Stolpen ein kümmerliches Dasein.

Dort ging es sicherlich weniger elegant zu als im heutigen Kempinski Hotel. Als Grandhotel wirbt es mit 78 Zimmern und Suiten im Biedermeierstil. Das klingt nach einer Welt jenseits des kleinen Geldbeutels. Volksnah hingegen ist das alljährliche winterliche Angebot für jedermann, auf dem barocken Innenhof auf spiegelglatter Eisfläche Schlittschuh zu laufen.

Gönnen Sie sich eine Pause im rustikalen Restaurant *Paulaner im Taschenberg* direkt unter der Steinbrücke zum Schloss.

8

Residenzschloss
Taschenberg 2
01067 Dresden
0351 49142000
www.skd.museum

Wie unter freiem Himmel

Residenzschloss

Sieben Studenten sitzen auf schwerbepackten Fahrrädern vor dem Südostflügel des Schlosses. Das Foto in meinem Album ist auf den 24. Juli 1984 datiert, der Start zu unserer Sommerradtour nach Bulgarien. Das Schloss sieht böse aus. Rußgeschwärzte Mauern mit leeren Fenstern zeigen an, es handelt sich um eine Ruine. Nicht viel mehr als die Außenmauern stehen noch. Gestrüpp wächst auf dem Gesimse, Birken recken sich aus den Fugen. Insgesamt ist es ein trostloser Anblick, was die Architektur betrifft!

Inzwischen ist die Schlossrestaurierung fast vollendet. Die Baukosten von circa 400 Millionen Euro lassen die Dimension erahnen. Von außen sieht das Schloss mit seinen ergrauten Steinen wieder so vollkommen aus, als ob es nie zerstört worden wäre. Innen strebt der große Schlosshof seiner Vollendung entgegen. Er soll mit seiner aufwändigen Wandbebilderung zukünftig als Kulisse für Open-Air-Veranstaltungen dienen. Früher war übrigens die gesamte Außenfassade des Schlosses in Sgraffito-Kratzputz-Technik verziert. Bei diesem Verfahren wird zunächst eine schwarze oder dunkelgraue Putzschicht aufgetragen, danach eine dünne weiße Schicht. Mittels Spatel ritzt der Maler die Zeichnungen ein. So entstehen zwischen den Putzschichten verschiedene Kontraste und Konturen, die am Ende das Bild ergeben. Der mittlere Schlosshof wurde nach einem Entwurf von Peter Kulka 2008 mit einem nach oben kühn gebogenen transparenten Membrandach überwölbt.

So kann der Hof auch im Winter als mild temperiertes Besucherfoyer genutzt werden. Manchmal spaziere ich einfach durch das Foyer ins Schloss, schreite die Englische Treppe hinauf, lustwandle an den Büsten und Ölgemälden entlang durch die Fürstengalerie oder ein Stockwerk höher durch die *Türckische Cammer*, hinten hinaus, mit dem gläsernen Fahrstuhl hinunter und verlasse das Schloss auf der anderen Seite am Taschenberg. Das geht natürlich nur mit Jahreskarte so elegant.

Interessanter Aufgang zum Hausmannsturm mit Ausblick auf Schlosshöfe und Theaterplatz.

9

Brühlsche Terrasse
Georg-Treu-Platz
01067 Dresden

Festung Dresden
Brühlsche Terrasse/
Terrassenufer
01067 Dresden
0351 438370357
www.festung-xperience.de

DIE BERÜHMTESTE FLANIERMEILE

Brühlsche Terrasse

Goethe soll begeistert gewesen sein und schwärmte bei der Aussicht vom »schönsten Balkon Europas«. Da war die Brühlsche Terrasse gerade erst ein paar Jahre öffentlich zugänglich. Zuvor war es die private Anlage des ebenso ehrgeizigen wie intriganten Premierministers Graf Heinrich von Brühl (1700–1763). Die »Brühlschen Herrlichkeiten« bestanden aus einer barocken Gartenanlage mit prächtigen Palazzi wie Bibliothek, Wohnpalais und Belvedere. Im Siebenjährigen Krieg zerstörten die Preußen alle Gebäude.

500 Meter lang, zwischen 20 und 200 Meter breit und zehn Meter hoch – hinter diesen nüchternen Zahlen verbergen sich Jahrhunderte Stadtgeschichte. Vom Ursprung her handelt es sich bei der Brühlschen Terrasse um den Rest der einstigen Fortifikation, die um 1592 als »Neue Festung« zum Schutz der Stadt vollendet wurde.

Das heutige architektonische Ensemble auf der Terrasse mit Ständehaus, Secundogenitur, Hochschule der Kunstakademie, Albertinum und Hofgärtnerhaus wird ergänzt durch interessante Monumente und Skulpturen und einer kleinen Parkanlage mit Resten des Brühlschen Gartens.

Es lohnt sich, auf dieser Strecke zu lustwandeln, sich zuweilen auf einer der Bänke zu entspannen. Der Ausblick hat bis heute nichts von seinem Zauber verloren. Die Elbe liegt gleich einem silbernen Bogen vor einem, kommt von rechts aus Böhmen und strömt in ruhiger Bedächtigkeit nach links den Weinbergen Radebeuls entgegen. Unten an der Mole liegen die Schiffe der Weißen Flotte nebeneinander. Ein Dampfer legt gerade ab oder wartet einen Schleppkahn in Strommitte ab.

Am anderen Flussufer erstrecken sich großzügige Wiesen mit der Freilichtbühne für Sommerkino und Rockkonzerte, dann wird es abends laut. Zum Glück nicht immer, so lässt sich auf den Bänken auch in den blauen Stunden oder sternklaren Nächten träumen.

Bei schlechtem Wetter kann man eine Etage tiefer durch die Kasematten spazieren, der Eingang zum Museum befindet sich am Georg-Treu-Platz.

10

Platanenhügel auf der Brühlschen Terrasse
Georg-Treu-Platz
01067 Dresden

Brühlscher Garten Restaurant & Event
Brühlscher Garten 4
01067 Dresden
0351 4818901
www.bruehlscher-garten.de

MALER UND WERK ALS SKULPTUR

Platanenhügel auf der Brühlschen Terrasse

Die kleine Parkanlage am südlichen Ende der Brühlschen Terrasse ist ein besonderes Kleinod. Mächtige Platanen rauschen im Wind. Wiesen laden zum Ausruhen ein. Im Delphinbrunnen plätschern Wasserfontänen. Zwei Sphinxen rahmen liebevoll gepflegte Blumenbeete ein. Hier stand früher das Belvedere, ein Lustschlösschen für Tanz und Amüsement. Viermal wurde es aufgebaut und immer wieder durch Kriege zerstört. Einen fünften Aufbauplan gibt es bis heute nicht, schade.

Ein Denkmal aus Edelstahl ehrt den Maler Caspar-David-Friedrich, dessen romantische Landschaften im nahen Albertinum bewundert werden können. Der eingegossene Spruch klingt ein bisschen knurrig wie provozierend, am besten, Sie lesen und interpretieren ihn selbst!

Wenige Schritte ostwärts befindet sich etwas versteckt eine Sandsteinstele mit einem Medaillon Friedrich Böttgers, Erfinder des Europäischen Hartporzellans. Er war Staatsgefangener unter August dem Starken, stand zeitweise unter Arrest und bewohnte hier auf der ehemaligen Jungfernbastei ein Haus mit Labor, in dem ihm 1708 mit dem Gelehrten und Chemikus Walther von Tschirnhaus die langersehnte Mixtur zur Porzellanherstellung gelang.

Der heutige Platanenhain scheint eine enorme Anziehungskraft auf Denkmäler zu haben. Eine Skulptur Ludwig Richters ist erst vor wenigen Jahren hierher zurückgekehrt. Allerdings handelt es sich um eine nachempfundene Kopie des eingeschmolzenen Originals. Die Nazis mochten die volksnahen Illustrationen Ludwig Richters (1803–1884) nicht. Kaum 50 Meter entfernt macht die Bronzestatue Gottfried Sempers den Reigen an Denkmälern komplett. Der Architekt blickt in selbstbewußter und herrischer Pose über das Gelände, er war sich seines Genius offensichtlich völlig im klaren.

Das hübsche Restaurant *Brühlscher Garten* lockt mit leckeren Speisen und herrlichen Ausblicken von den vier Terrassen oberhalb des Bärenzwingers.

11

Ernst-Rietschel- und Planetendenkmal
Zugang über die Haupttreppe oder von der Münzgasse auf die Brühlsche Terrasse
01067 Dresden

Sie wirken, ohne zu reden

Ernst-Rietschel- und Planetendenkmal

Sie stehen kaum 50 Meter voneinander entfernt und könnten doch unterschiedlicher kaum sein: das Ernst-Rietschel-Denkmal aus Kaiserzeiten und das Planetendenkmal von Vinzenz Wanitschke aus dem vorletzten DDR-Jahr 1988. Es ist das einzige Monument auf der Brühlschen Terrasse, das in der Ära des real existierenden Sozialismus entstanden ist. Auf abstrakte Art hat der Dresdner Künstler die ehemalige Stadtbefestigung dargestellt.

Ernst Rietschel (1804–1861) stammte aus ärmlichen Verhältnissen und konnte auf einer Freistelle an der Dresdner Kunstakademie studieren. Als Professor für Bildhauerei schuf er in drei Jahrzehnten ein bedeutendes Lebenswerk, von dem in Dresden bis heute viele Statuen zu bewundern sind. Einer seiner Meisterschüler war Johannes Schilling, der das Denkmal seines Lehrers – genau an der Stelle seines ehemaligen Ateliers – auf der Brühlschen Terrasse geschaffen hat. Es zeigt die drei Haupttätigkeiten eines Bildhauers: das Skizzieren, das Modellieren des verkleinerten Entwurfs und das Ausformen der endgültigen Plastik.

Vinzenz Wanitschke (geboren 1932) studierte in Wismar und Dresden und wurde als freischaffender Künstler mit Bronzeplastiken bekannt. Sein Planetendenkmal lenkt die Aufmerksamkeit auf die Geschichte der einstigen Stadtbefestigung von Dresden. Die Fortifikation bestand aus einem umlaufenden Festungswall mit sieben Bastionen: Die ersten fünf heißen Venus, Mars, Jupiter, Merkur und Saturn. Damals waren nur fünf Planeten bekannt, so behalf man sich für die übrigen zwei mit den lateinischen Bezeichnungen von Mond (Luna) und Sonne (Sol). Alle sieben sind als Messingovale mit Bildnissen und Beschriftung in das Pflaster eingebettet. Was hat es mit der großen deformierten Kugel aus Bronze auf sich, die innerhalb des Ovals thront und die mit ihren berstenden Basaltsäulen die Harmonie des übrigen Ensembles sprengt? Vielleicht soll es eine Mahnung an uns sein, behutsam mit unserer Stadt und unserem Planeten umzugehen, sonst fliegen sie uns eines Tages um die Ohren.

Beherzigen Sie mindestens einen Spruch des Planetendenkmals, zum Beispiel den der Sonne: »Ich wirke, ohne zu reden.«

12

Moritzmonument
Terrassenufer 2
01067 Dresden

Festung Dresden
Brühlsche Terrasse/
Terrassenufer
01067 Dresden
0351 438370357
www.festung-xperience.de

DRESDENS ÄLTESTES SANDSTEINDENKMAL

Moritzmonument

Obwohl dieses bedeutende Denkmal kaum zu übersehen ist, fristet es bei Stadtrundgängen eher ein Schattendasein. Das liegt vor allem an seiner Lage am vielbefahrenen Terrassenufer, eingepasst an der östlichen Ecke der Brühlschen Terrasse in die dicken Mauern des Festungskopfes vis-à-vis der Carolabrücke. Die Kopie trotzt seit dem Jahre 2000 dem Auspuffqualm. Das Original wird in den Kasematten wenige Meter dahinter im Museum Festung Dresden geschont.

1555 meißelte Bildhauer Hans Walther das Monument in hellen Stein. Es zeigt den Moment des Todes von Kurfürst Moritz. Mit nur 32 Jahren starb der fortschrittliche Landesfürst in der Schlacht bei Sievershausen. Die tödliche Kugel soll von hinten – aus den eigenen Reihen – gekommen sein. Eine Verschwörung der Offiziere, eine Intrige? Eine weitere Überlieferung vertritt die These, es habe sich um einen Giftmord in der gleichen Nacht gehandelt, als sich herausstellte, die Kugel würde nicht für das Ableben ausreichen. Das Ergebnis war dasselbe. Der Tod steht als Gerippe direkt hinter dem Sterbenden. Mit den letzten Atemzügen übergibt Moritz das Kurschwert seinem Bruder August, Urgroßvater von August dem Starken.

Kurfürst Moritz sind nur sechs Jahre Regierungszeit vergönnt gewesen, genug, um als Reformer in die Geschichte einzugehen. Er brachte die sächsischen Verwaltungen auf Trab, führte Richtlinien ein, um Korruption vorzubeugen. Moritz forcierte den Silberbergbau im Erzgebirge, ließ Ingenieure ausbilden, um die Fördertechnik zu entwickeln. Der Kurfürst gründete Fürstenschulen (heute Gymnasien), um erstmals den begabten Kindern armer Familien die Chance auf eine höhere Schulbildung zu ermöglichen. Diese Eliteschulen existieren bis heute in Meißen (Sankt Afra), in Grimma (Sankt Augustin) und bei Naumburg an der Saale (Schulpforta).

Querdenkern begegnet Widerstand und Neid, zuweilen auch Hass. Politisch war er ein umstrittener Stratege, kämpfte um die Anerkennung des Protestantismus in Sachsen. All das kann letztendlich zum tödlichen Komplott geführt haben.

Sie können die beiden Brüder Moritz und August in sehr vertrauter Pose auch auf dem Fürstenzug entdecken.

18

Albertinum
Tzschirnerplatz 2
01067 Dresden
0351 49142000
www.skd.museum

KUNST AUS DREI JAHRHUNDERTEN

Albertinum

In einer dramatischen Rettungsaktion wurden 2002 Hunderte Kunstschätze vor den einströmenden Fluten der Elbe gerettet. Für eine sichere Zukunft wurde das Museum daher bis 2010 umgebaut. Clou ist das neue zweigeschossige Dach über dem Innenhof, eine »Arche für die Kunst«. Sie schwebt in 17 Metern Höhe und bietet genug Platz für hochwassersichere Depots und Werkstätten. Früher ein Freilufthof, ist der Innenhof nun ein riesiges Foyer geworden. Lichtfugen lassen die Helligkeit des Tages erahnen.

Das Zeughaus wurde 1555 nach Plänen von Voigt von Wierandt zur Lagerung von kurfürstlichem Kriegsgerät errichtet. Der Renaissancebau war in seinen Dimensionen nicht zu übersehen: 57 Meter breit und 107 Meter lang. Daran hat sich bis heute nichts geändert, wohl aber seine Funktion. 1889 wurde nach Umbau das neue Ausstellungsgebäude zu Ehren des amtierenden Königs Albert eingeweiht. Im Bombenhagel 1945 kam das Albertinum mit einigen Blessuren relativ glimpflich davon. So musste es zu DDR-Zeiten Preziosen des Grünen Gewölbes, das Münzkabinett, die Rüstkammer und ab den 60er-Jahren die Galerie Neue Meister aufnehmen.

Durch den jüngst erfolgten Umbau vervierfachte sich die Ausstellungsfläche für die Kunst aus den letzten drei Jahrhunderten. Die Malerei des 19. bis 21. Jahrhunderts dominiert in den beiden oberen Etagen. Im Erdgeschoss befindet sich die Skulpturensammlung in der neu konzipierten Gewölbehalle mit allein acht Werken von Rodin. Drei Schaudepots eröffnen darüber hinaus ungewöhnliche Einblicke zu bislang verborgenen Schätzen.

In der Gemäldesammlung beginnt der Rundgang mit Caspar David Friedrich, streift andere Romantiker und geht über zu den französischen Impressionisten. Die Dresdner Künstlergruppe *Brücke* leitet ins 20. Jahrhundert über, führt über Otto Dix und Oskar Kokoschka bis in die Ära des sozialistischen Realismus. In der Moderne vollenden die Gegenwartsmaler A. R. Penck, Georg Baselitz und Gerhard Richter den Rundgang.

Gönnen Sie sich eine Verarbeitungspause im Café des Lichthofes und betrachten Sie das volle und doch so schwerelose Dach.

14

Pulverturm
An der Frauenkirche 12
01067 Dresden
0351 262600
www.pulverturm-dresden.de

Manierliches Sächsisch kennenlernen

Restaurant *Pulverturm*

Unübersehbar in seiner leuchtend gelben Außenfassade erstrahlt das Coselpalais direkt neben der Frauenkirche, winkt Ihnen förmlich zu mit seinen zierlichen Außenflügeln – Höhepunkt sächsischen Rokokos. Ein Sohn von Gräfin Cosel erwarb 1762 das Areal und ließ das Wohnpalais in seiner heutigen Form errichten. Gehen Sie am Gebäude seitlich vorbei in die Salzgasse. Hinter der Kanone führt eine unauffällige Treppe ins Gewölberestaurant *Pulverturm*.

Tagsüber können Sie unauffällig die Räumlichkeiten bestaunen. Sie passieren das Weindepot, die Schwedengemächer, das Türkische Gewölbe, die Russische Stube und das Marschall de Saxe Zimmer und gelangen in die Folterkammer, auch Arrest genannt. Hier muss man gute Nerven haben, um das Dinner genießen zu können. Eine Eiserne Jungfrau steht an der Wand. Der Tisch ist eine ehemalige Streckbank, wo der Delinquent auseinandergezogen werden konnte, bis die Gelenke krachten. Morgensterne und Henkersschlingen ergänzen die mordlüsterne Staffage. Falls sich Ihnen der Magen langsam umstülpt, bitte durch die Mauer weiterschreiten. Sie ist allerdings auch eine Beachtung wert: über einen Meter dick! Jetzt stehen Sie im Inneren des *Pulverturms* von 1665 auf einem kleinen Podest. Der mächtige Mittelpfeiler deutet als Rudiment die frühere Geometrie dieses Pulverspeichers an, der heute als großer Saal für Speis und Trank genutzt wird. Spazieren Sie durch den Saal quer hindurch. Sie kommen an der verführerisch duftenden Küche vorbei, an knusprigen Spanferkeln am Spieß und an emsigen Kaltmamselln.

Am Empfang schließt sich der Kreis Ihres Rundganges. Wenn es Ihnen gefallen hat, ordern Sie vielleicht für den Abend Plätze, denn meist ist dann alles ausgebucht. Es muss ja nicht unbedingt die Henkersmahlzeit im Arrest sein. Ich empfehle Ihnen einen original sächsischen Sauerbraten mit Klößen als eine ganz typische Mahlzeit.

Eine Anregung nicht nur für die Männer: Fragen Sie mal nach dem berühmten Dresdner Trichtertrinken …

Nutzen Sie die abendliche Kommunikation mit den Animateuren zum Kennenlernen des sächsischen Dialektes.

15

Frauenkirche
Neumarkt
01067 Dresden

Stiftung Frauenkirche Dresden
Georg-Treu-Platz 3
01067 Dresden
0351 65606100
(Führungen)
www.frauenkirche-dresden.de

BEEINDRUCKENDER PANORAMABLICK

Aussicht von der Frauenkirche

Als die Überlebenden des Flammeninfernos vom 13./14. Februar 1945 schon glaubten, das sakrale Herzstück der Stadt habe die Bombardierung überstanden, brach die Frauenkirche am Vormittag des 15. Februar in sich zusammen. Die Fliegerbomben waren wie Billardkugeln von der Kuppel abgeprallt, doch zum Verhängnis wurde der Frauenkirche die Feuerglut. Sandstein verliert bei wenigen Hundert Grad Celsius seine Stabilität, so konnten die ausgeglühten Steinpfeiler die Kuppellast nicht mehr tragen.

Heute ist der Weg selbst wieder ein Erlebnis, ein sehr ungewöhnlicher Turmaufstieg! Am Eingang G berappen Sie ein Eintrittsgeld und betreten unmittelbar einen Fahrstuhl, der Sie auf 24 Meter Höhe bringt. Der übrige Höhenunterschied von 43 Metern ist reine Muskelarbeit. Zunächst wird man von einem Blick in den Kirchenraum überrascht. Als Nächstes geht es ein paar Stufen empor in die Hauptkuppel. Der 162 Meter lange Gang auf der ansteigenden Rampe zwischen äußerer und innerer Kuppelschale ist der spannendste Teil. In zweieinhalb Windungen »schraubt« man sich mit 14 Prozent Steigung zum Laternenhals empor und bekommt durch große Innenfenster immer neue Eindrücke von der genialen Kuppelkonstruktion des Baumeisters George Bähr. Eine enge Wendeltreppe, dann die letzte, die 127. Stufe und man hat die Aussichtsplattform erreicht.

Was für ein Rundumblick! Aus der luftigen Höhe betrachtet, kann Dresden nichts verbergen, alle Puzzleteile dieser geschundenen und wiederauferstandenen Stadt fügen sich zu einem Ganzen zusammen:

Der Elbebogen als zentrale Achse, der Blick zum Schloss und über die Altstadt, der baustilistische Bruch zum Altmarkt hin und darüber hinaus die großzügigen und einmaligen Elbwiesen vor der Neustädter Seite, südwärts bei guter Fernsicht die Berge der Sächsischen und Böhmischen Schweiz und westwärts die des Erzgebirges.

»Nu gugg ner mol, Erna, de Zitronenpresse sieht ja von obn ooch ganz lustzsch aus«, sagt ein Einheimischer neben mir und meint die Kuppel der Kunstakademie. »Hibsch! Kumm, latschn mor widder nunder!«

Steigen Sie morgens oder abends bei flacher Sonne hinauf, dann haben Sie bestechendes Fotolicht mit langen Schatten.

16

Stallhof
Eingang Augustusstraße
oder Schloßstraße
01067 Dresden
0351 438370312
www.der-dresdner-zwinger.de

Dresden Information an der Frauenkirche
Neumarkt 2
01067 Dresden
0351 501501
www.dresden.de

EINER DER ÄLTESTEN TURNIERPLÄTZE

Stallhof

Es ist hundekalt an diesem Januartag des Jahres 1718. Trotzdem pressen die Hofdamen ihre Gesichter an die Butzenscheiben, um keine Phase des Ritterturniers auf dem Platze zu verpassen. Da – schon galoppieren zwei Behelmte über das frostige Gelände. Die Lanzen vorgereckt, so stürmen sie auf die Querleine mit kleinen Ringen zu. Ein Ritter streift sie mit der Lanze ab, der andere verfehlt sie und hat verloren. Die Hofdamen lassen sich heiße Steine auf langstieligen Schaufeln unter die Reifröcke schieben – so lässt es sich aushalten im kalten Gemäuer.

Der Stallhof existiert in seiner heutigen Form seit 1588. Er gehört zum Komplex des Residenzschlosses und wird von beeindruckenden Gebäuden eingerahmt: Georgenbau und Kanzleihaus (von 1576), Johanneum und dem Langen Gang.

Das Johanneum war einst ein modernes Stallgebäude, in das Pferde über eine Rampe in die erste Etage hinaufgeritten werden konnten. Die noch begehbare Auffahrt endet heute an einer zweiflügeligen Glastür. Vor der Rampe befindet sich die ehemalige Pferdeschwemme, ein großes achteckiges Sandsteinbecken.

In manchen Sommern verwandelte sich in den vergangenen Jahren der Stallhof wieder in den Turnierplatz, der er einst gewesen war. Wir Zuschauer saßen auf Tribünen unter den Arkaden und bewunderten die Schauspieler-Recken, wie sie sich in quietschenden Ritterrüstungen im Ringstechen maßen.

Zur beliebtesten kulturellen Veranstaltung im Stallhof hat sich in der Adventszeit der mittelalterliche Weihnachtsmarkt gemausert. Liebevoll gestaltete Buden und Stände, kleine Bühnen mit Ausrufern – alles festlich illuminiert – lassen alte Zeiten auferstehen. Der Lange Gang bietet mit seiner Bogenreihe und den Arkaden mit 20 toskanischen Säulen, seiner Bemalung in Sgraffito-Technik und den Butzenscheibenfenstern einen romantischen Rahmen.

Wundern Sie sich übrigens nicht über den Umgangston der Händler und Marktfrauen. Es geziemt sich, den Besucher in der zweiten Person Plural anzusprechen: »Edler Herr, wenn es Euch nach einem Bade gelüstet, geleite ich Euch gerne zum Zuber.«

In der Adventszeit empfiehlt sich ein Besuch während der Woche: weniger Menschenmassen und freier Eintritt.

17

Fürstenzug
Augustusstraße zwischen
Hilton Hotel und
Schlossplatz
01067 Dresden

Wettiner über acht Jahrhunderte

Fürstenzug

Es ist die einzige Sehenswürdigkeit, die den Bombenhagel 1945 über der Altstadt so gut wie unbeschadet überstanden hat. Man muss schon genau hinsehen, um zu erkennen, dass es sich um ein riesiges Bild aus 24.600 fugenfrei zusammengefügten Meißner Porzellankacheln handelt, 102 Meter lang und 7 Meter hoch. Sie können den Fries chronologisch von links beginnend mit Markgraf Konrad bis zum vorletzten König Georg abschreiten.

Die Wettiner als das bestimmende Fürstengeschlecht in Sachsen gaben 1870 dem Künstler Wilhelm Walther den Auftrag, eine repräsentative Ahnengalerie auf der Nordwand des Stallhofes zu gestalten. Als das Bild nach 25 Jahren durch Witterungseinflüsse Schaden nahm, übertrug es die Meißner Porzellanmanufaktur um 1905 maßstabsgerecht auf Kacheln. 35 Markgrafen, Herzöge, Kurfürsten und Könige kommen stolz zu Pferde dahergeritten, begleitet von Herolden und Fußvolk. Frauen sind nicht mit von der Partie außer einem kleinen Blumenmädchen am Ende des Zuges.

Auf einen Mann sei die Aufmerksamkeit besonders gerichtet: den sächsischen Kurfürsten und König von Polen, August den Starken. Als August II. startet er auf einem weißen sprungbereiten Pferd in seiner Regierungszeit 1694 bis 1733 durch – eine ähnliche Pose wie die des Goldenen Reiters auf Neustädter Seite. Zweifelsohne ist er der schillerndste Wettiner in der Ahnengalerie. Er liebte Wein, Weib und Gesang und konnte Hufeisen mit bloßen Händen verbiegen, bevor er als diabeteskranker Monarch bei 1,76 Metern Körpergröße mit 120 Kilo die Waagen zum Ächzen brachte.

Als 16-jähriger Kavalier reiste er ein halbes Jahr durch Europa und ließ sich vom barocken Flair Italiens entzücken. Die baukünstlerische Blüte Dresdens ist ebenso Augusts Verdienst gewesen wie die Gründung der Meißner Porzellanmanufaktur. Sein Sohn saß nicht nur im Wandbild im Schatten seines übermächtigen Vaters. Ganz am Ende des Zuges hat sich der Künstler Wilhelm Walther selbst mit schwarzem Hut verewigt, unter ihm sein Gehilfe mit Maurerkelle.

Etwas für Frühaufsteher, denn nur die Morgensonne lässt im Sommer das Monumentalbild erstrahlen.

18

Verkehrsmuseum Dresden im Johanneum am Neumarkt
Augustusstraße 1
01067 Dresden
0351 86440
www.verkehrsmuseum-dresden.de

FÜR TECHNIKLIEBHABER UND KINDER

Verkehrsmuseum im Johanneum

Ein kalter Dezembersonntag Anfang der 70er. Es plumbt wie aus Kannen. Mein Vater läuft mit mir Zehnjährigen durch die große Glastür des ehemaligen Johanneums. Ein Geruch von schwerem Maschinenöl hängt in der Luft des Foyers. Es riecht nach Blech und Gummireifen. Meine Augen werden immer größer. Geradeaus geht es in den Lichthof: alte Autos, wohin das Auge schaut. Mein Vater ist Konstrukteur, und erklärt mit wachsender Begeisterung. Vergessen ist der Regen.

Heute sehe ich das Johanneum mit erwachsenen Augen: Unter dem Motto »Mobilität mit allen Sinnen erleben« bietet das Museum auf drei Etagen eine Zeitreise durch Bewegungstechniken der Menschheit. Klar getrennt zu Wasser, auf der Schiene und Straße sowie in den Lüften. Viele Aktivstationen laden insbesondere Kinder teils auf historischen Vehikeln ein, die Technik selber auszuprobieren und zu begreifen. Über 20 Spezialführungen sind im Angebot. So hat sich der alte Palazzo zu einem familien- und bildungsfreundlichen, modernen Haus entwickelt.

Ursprünglich war er als Stallgebäude konzipiert und 1591 fertiggestellt worden. Der dreigeschossige Renaissancebau galt als einer der modernsten Pferdeställe Europas. 128 Pferdestände mit ebenso vielen Kerzenleuchtern und Sattelaufhängungen standen zur Verfügung. Prächtige Gästezimmer und Gemächer erwarteten die Anreisenden in den Obergeschossen. Um 1730 ließ Kurfürst August der Starke das Gebäude zur Gemäldesammlung umfunktionieren. Im 19. Jahrhundert bekam der Bau durch den Einzug der Rüstkammer und Porzellansammlungen endgültigen Galeriecharakter. Die seitdem übliche Bezeichnung Johanneum geht übrigens auf König Johann (1801–1873) zurück.

1945 brannte das Gebäude völlig aus und wurde 1956 als Verkehrsmuseum wiedereröffnet. Was es zu DDR-Zeiten in der Luftfahrtabteilung nicht gab, war die Entwicklung des Ballonflugwesens. Das war den Museumsgestaltern wegen des Eisernen Vorhanges an der Westgrenze wohl ein zu heikles Thema …

Mit 325 Quadratmetern die größte Modelleisenbahnanlage mit Spur Ho in Sachsen!

19

Kulturpalast
Schloßstraße 2
01067 Dresden
0351 4866866
www.dresdner
philharmonie.de

EIN OFFENES HAUS FÜR ALLE BÜRGER

Kulturpalast

Der 1969 eröffnete Kulturpalast im Zentrum der Altstadt besaß den mit 2.740 Plätzen größten Mehrzwecksaal der Stadt. Ein breites Spektrum von Rock und Pop über Klassik bis hin zu Liedermachern und Kindermusical, auch das Internationale Schlagerfestival fand in dem melodiedurchtränkten Haus statt. In den 1970er-Jahren begleitete uns zum Kartenpreis von 1,65 DDR-Mark die Musiklehrerin zu den sogenannten Schülerkonzerten.

Im Gegensatz zum Ostberliner Palast der Republik hat unser Kulturpalast überlebt und jetzt ist sogar seine Zukunft gesichert. Der »Kulti« steht unter Denkmalschutz!

2014 bis 2017 erfolgte für satte 110 Millionen Euro eine Komplettsanierung. Die äußerliche Form wurde unverändert gewahrt, innen gab es harte Brüche, insbesondere im Herzstück – dem Konzertsaal: Bühne in der Mitte, nur noch 1.800 Plätze und perfekte Akustik – ein Bonbon für Musiker der Dresdner Philharmonie. Rings um den Saal blieb noch genügend Fläche für den Einzug der Zentralbibliothek und des bissigen Kabaretts *Die Herkuleskeule*. Allerdings hat es noch kein Programm zum 300 Quadratmeter großen Wandbild außen an der Westseite des Kultis im Angebot. *Der Weg der roten Fahne* ist ein sozialismusträchtiges Motiv – auf Sinterkacheln scheinbar für die Ewigkeit gebrannt. Von Professor Gerhard Bonzin geschaffen, zeigt es eine entschlossen voranschreitende Frau mit riesiger Flagge, hinter ihr ein größere Anzahl von kleinen, statisch wirkenden Männern, darunter Persönlichkeiten wie Friedrich Engels und Karl Marx, Lenin und Walther Ulbrich – der damalige Staatsratsvorsitzende.

Oft bleibe ich vor dem Monumentalbild stehen, schaue aber nichts Bestimmtes an. Mag sein, dass es so etwas ist wie die diffuse Sehnsucht nach meiner längst vergangenen Jugend oder die Suche nach einem untergegangenen Land.

Interessante Autoren-Lesungen gibt es auch für Kinder im Bibo-Saal!

20

Prager Straße
01069 Dresden
www.dresden.de

Die beliebteste Einkaufsmeile

Prager Straße

Es hat in den 70ern Versuche gegeben, einen modernen, zeitgemäßen Baustil zu kreieren. Diesen sozialistischen Charme rechtwinkliger Reißbrett-Architektur spiegelt leider auch die Prager Straße wider. Ursprünglich als Verbindung zwischen innerer Altstadt und Böhmischem Bahnhof (heute Hauptbahnhof) um 1851 angelegt, entwickelte sich die Prager Straße rasch zu einer Verkehrsschlagader der Stadt, eng bebaut mit großartigen Gebäuden wie dem Residenzkaufhaus. Der Krieg zerstörte alles.

Vom Altmarkt kommend hat der heutige Einstieg zur Prager Straße etwas Einzwängendes. Hoch recken sich zu beiden Seiten die Konsumtempel, links das Karstadt-Kaufhaus und rechts die Centrum-Galerie. Letztere wurde auf den Fundamenten des größten Dresdner Warenhauses aus DDR-Zeiten errichtet und in Erinnerung an den um ein Vielfaches kleineren Vorläufer mit den eigentümlichen »Bienenwaben« in mattem Aluminiumglanz verkleidet.

Nach Passieren der zwei »Riesenklötzer« öffnet sich vor Ihnen die Prager Straße in ihrer ganzen Pracht. Linker Hand sehen Sie den Beweis für den in der Überschrift genannten selbstbewussten Werbeslogan. In der Tat »ziert« ein 250 Meter langer Wohnblock die Ostseite der Fußgängermagistrale. Sie ist das Positive. Der Straßenverkehr und -lärm wurde bei der Neuerrichtung zwischen 1968 und 1978 komplett auf die parallele Petersburger Straße verlagert.

In der Mitte des Boulevards reihen sich deutsch korrekt einige rechteckige Wasserbecken aneinander. Sie wurden vor einigen Jahren in einer Verschönerungsaktion neu gestaltet. Der Pusteblumen-Brunnen am Ende konnte sich in verstümmelter Form noch aus DDR-Zeiten herüberretten. Bei Wind stäubt das Wasser bis über den Beckenrand hinaus. Er ist übrigens mein Lieblingsplatz auf dieser Konsummeile aus Glas, Stahl und Beton. Von hier lässt sich das pralle urbane Leben gut beobachten. Denn eins muss man der Prager Straße lassen: Sie wird von quirligen Passanten in Massen frequentiert und ist die beliebteste Einkaufsmeile der Stadt!

Flanieren Sie abends über den Boulevard, dann sind die scharfkantigen Betonsilos gnädig in der Dunkelheit versunken.

21

Cineplex Rundkino
Prager Straße 6
01069 Dresden
0202 51570100
www.cineplex.de

UFA-Kristallpalast Dresden
St. Petersburger Straße 24a
01069 Dresden
www.ufa-dresden.de

Ein ungleiches Paar

Cineplex-Rundkino und UFA-Kristallpalast

Wie schon der Name sagt: Es ist rund, insbesondere von außen. Das Rundkino wurde nach drei Jahren Bauzeit im Oktober 1972 eingeweiht. Es sollte ein Kontrast sein zu den Betonquadern in seiner Umgebung. Das ist gelungen. Damals war ich gerade elf Jahre alt und entdeckte die flimmernde Welt des Kinos. Es hat mir von Anfang an gefallen: der Saal mit über tausend roten Plüschsesseln, der geheimnisvolle Vorhang und die gigantische Leinwand (9×21 Meter) – ideal für 70-mm-Breitwandfilme!

Die Geschichte der Dresdner Filmtheater begann fulminant vor über 100 Jahren, erreichte ihre Blütezeit vor dem Zweiten Weltkrieg und wehrt sich in den letzten Jahren gegen den Niedergang. In den 30er-Jahren des vergangenen Jahrhunderts gab es 36 Filmtheater in Dresden, teils mit über 1.000 Plätzen. Klangvolle Namen wie die Gloria-Palast-Lichtspiele, Musenhalle oder Prinzeßtheater erloschen mit der Zerstörung der Gebäude. In den 60er-Jahren gab es 24 Kinos in Dresden, zur Wende 18, heute sind es zehn.

Zwei davon sind das Rundkino und der Kristallpalast. Sie stehen kaum 100 Meter voneinander entfernt. 4.300 Kinoplätze an fast ein und demselben Ort! Kann das in Zeiten des Kinosterbens und des Schrumpfens der Zuschauerzahlen gut gehen?

Es kann, weil das Konzept beider Kinos genauso unterschiedlich ist wie ihre Architektur und ihre Zuschauerklientel. Das Multiplex-Kristallkino ist ein gelungenes Beispiel des Dekonstruktivismus der 90er. Mein Fall ist es nicht. Weder beim Anblick von außen noch beim Aufenthalt im Inneren spüre ich Wohlbehagen. Unverputzte mausgraue Betonwände provozieren die Sinne. Das ist Absicht. Der Jugend gefällt das. Versöhnlich ist der Anblick des »umgestülpten Haifischzahnes« abends in der blauen Stunde, wenn die Illumination im Kino durch die Glasfassade nach außen strahlt. Dann leuchtet der Palast wie ein Bergkristall.

Das nützt ihm bei vielen älteren Dresdnern nichts. Sie gehen lieber »gemiedlich« ins Rundkino zum *FilmCafé* oder zur 3D-Live-Konzert-Übertragung von den großen Bühnen der Welt.

Falls Sie noch ein bisschen Zeit bis zum Film haben, können Sie nebenan in der Globetrotter-Welt Abenteuer-Feeling schnuppern.

22

Wiener Platz und Kugelhaus
010679 Dresden
www.dresden.de

Achterbahn-Restaurant Schwerelos
Wiener Platz 10
010679 Dresden
0351 82127900
www.rollercoaster-dresden.de

KURZ, GANZ KURZ VERWEILEN

Wiener Platz und Kugelhaus

Es soll schon vorgekommen sein, dass Reisende, die am Hauptbahnhof angekommen und in Vorfreude herausgetreten sind, beim Anblick dieses Vorplatzes in Ohnmacht fielen. Von freundlichen Einheimischen wieder aufgerichtet, folgte die beruhigende Erklärung: »Keene Sorsche, Sie sind schon in dor rischtschen Stodt!« Der Wiener Platz als der erste Eindruck für Zugankömmlinge birgt eine hochgradige Schockwirkung in sich. Kein Baum, kein Strauch, keine Pflanze weit und breit – bis auf ein paar Ziersträucher in mausgrauen Kübeln.

Ein Blickfang ist das sogenannte Kugelhaus. Es handelt sich um einen lang gestreckten Glas- und Betonquader aus jüngster Zeit, eine Hommage an seinen Vorgänger von 1928. Die gläserne Kugel ist leider derart ins klobige Gebäude versunken, dass man eher von einem Gebäudekasten mit integrierter Kugel sprechen kann. Wenn Sie innen mit einem der gläsernen Fahrstühle nach oben ins Achterbahn-Restaurant *Schwerelos* gleiten, kommt auch die Kugel besser zur Geltung. Unter der lichten Glashaube fühlt sich der Gast dem Himmel nahe, zumal die Speisen und Getränke tatsächlich über Achterbahnen angesaust kommen.

Zu DDR-Zeiten lautete der historische Name Leninplatz. Zwischen 1974 und 1992 stand hier ein Marmordenkmal, auch nachts durch helle Strahler unübersehbar: der vorwärtsschreitende Lenin mit zwei Kampfgenossen zur Seite. Kurz nach der Wende wurde Lenin auch an dieser Stelle vom Sockel gestoßen. An seiner Stelle kam erst einmal … nichts! Eine Baugrube – das »Wiener Loch« –, sechs Meter tief und 9.000 Quadratmeter groß »schmückte« den Platz über zehn Jahre lang, gesichert mit einem umlaufenden Bauzaun. Inzwischen wurde das Riesenloch mit Tiefgaragen bestückt, darüber sind edle Häuserblöcke mit exklusiven Wohnungen entstanden – das sogenannte *Prager Carrée*.

Passable Aussicht von der Freiterrasse des Sky-Cafés im Kugelhaus!

23

Hauptbahnhof
Wiener Platz 4
01069 Dresden
www.bahnhof.de
www.das-neue-dresden.de/hauptbahnhof

Marché Mövenpick Dresden
Wiener Platz 4
01069 Dresden
0351 43899010
www.marche-movenpick.de

»Ein Zelt für Züge«

Hauptbahnhof

Mächtig gewaltig sticht er wie ein Relikt aus der Einöde charakterloser Neubauten heraus, die ihn umgeben. 1898 hat ihn König Albert persönlich an seinem 70. Geburtstag eröffnet. Die Dimension des Gebäudes war damals epochal, heute ist sie immer noch beeindruckend: eine 186 Meter lange Bahnsteighalle, 120 Meter breit und 32 Meter hoch! Man stelle sich auf allen 18 Bahnsteigen qualmende Dampfrösser vor! Wie Ameisen eilen die Reisenden mit klappernden Schuhen durch die Halle. Wie das hallt!

Die Überschrift »Ein Zelt für Züge« trägt ein Glanzprospekt nach der Generalsanierung im Jahre 2006. Kein Geringerer als der britische Stararchitekt Sir Norman Foster zeichnete für das Überarbeitungskonzept verantwortlich. Sein bester Wurf ist zweifelsohne das besondere Dach von über 33.000 Quadratmetern, größtenteils bestehend aus einer 0,7 Millimeter dünnen Glasfasermembran. Ein selbstreinigender hauchdünner Teflonüberzug lässt einerseits das Tageslicht mild durchscheinen, reflektiert andererseits Sonnenstrahlung. Insofern passt der ungewöhnliche Slogan für diese anspruchsvolle Modernisierung – Gesamtkosten etwa 250 Millionen Euro!

Was den Zugverkehr selbst betrifft, scheint Dresden ein wenig von der großen Welt abgenabelt zu sein. Es gibt nur wenige Direktverbindungen zu den Metropolen Europas. Doch der Hauptbahnhof hat einiges durchgemacht in seiner bewegten Geschichte. Ein Kreuzungspunkt für viele Menschenschicksale ist er im Dritten Reich bei Gefangenentransporten gewesen. Zur Wende 1989 kam der Hauptbahnhof durch die Flüchtlingszüge aus der Prager Botschaft in die Nachrichten. Im August 2002 sorgte der Bahnhof erneut für Schlagzeilen, als die Wilde Weißeritz ihrem Namen gerecht wurde und mit einer Flutwelle durch die Halle schoss.

Der Königspavillon an der Südwestseite ist zwar in die Sanierung einbezogen worden, steht aber leider nur sinnentleert herum. Bis kurz nach der Wende ist es ein beliebtes Kino gewesen. Ich mochte es, wenn durch die Wände das Scheppern und Quietschen der Züge zu hören war, teils an dramaturgisch perfekten Stellen im Film!

Kurzer Abstecher ins *Marché*-Restaurant – auch von der Architektur her eine überraschend angenehme Atmosphäre.

24

World Trade Center
Ammonstraße 72
01067 Dresden
0351 20542054
www.wtc-dresden.de

Comödie Dresden
Freiberger Straße 39
01067 Dresden
0351 866410
www.comoedie-dresden.de

Ein wohltuend weltmännisches Gebäude

World Trade Center

Es ist der 11. September 2001. Nichts ahnend sitze ich auf der sonnigen Terrasse an meiner Wohnung und genieße den Fünfuhrtee, als das Telefon schellt. »Hast du schon gehört? Das World Trade Center brennt! Da sind zwei Flugzeuge reingekracht!« – »Wieso? So hoch ist das Gebäude doch gar nicht. Wie soll denn das von einem Flugzeug getroffen werden?« – »In New York, nicht in Dräsdn!« Dieser Anruf geht mir auch heute noch durch den Kopf, wann immer ich am WTC vorbeikomme.

Das filigrane Gebäude mit seiner Fassade aus Glasrechtecken und dünnen Stahlstreben strahlt eine transparente Leichtigkeit aus, als ob es gleich abheben wollte. Ein Schmetterling inmitten einer Herde von Elefanten. Starker Kontrast zu den massiven Steinbauten aus verschiedenen Jahrhunderten, die uns allerorts in Dresden begegnen. Das Ensemble besteht im Wesentlichen aus drei Gebäuden: zwei sandsteinverkleideten Bürotrakten und einem 16-geschossigen spiegelverglasten Turm. Die beiden parallelen Büroflügel sind mit einem in 20 Meter Höhe schwebenden Glasdach überwölbt. So ist eine Passage entstanden, eine riesige Halle, denn vorne und hinten fallen hauchdünne Vorhänge aus Glas vom Dach bis auf den Boden und schließen den Raum. Die ganze Konstruktion erinnert mich an das Sony-Center in Berlin, nur eben kleiner, wie sich das für Dresden geziemt.

Ich gebe zu, gerne durch das Dresdner WTC zu spazieren. Die Großzügigkeit dieser Raumgestaltung verblüfft immer wieder aufs Neue. Raumgröße hat etwas mit Würde zu tun. Neuerdings verzieren lange Wasserbecken die Hauptachse der Passage. Durch die Spiegelungen scheint die Halle doppelt so groß zu sein.

Nach Entwürfen der Architekten Nietz Prasch & Siegl wurde das World Trade Center in drei Jahren errichtet und 1996 eröffnet. Die Obergeschosse sind als Büros vermietet. Restaurants und Geschäfte stehen im Erdgeschosstrakt, aber auch ein Hotel, die *Comödie* – das größte private Theater der Stadt – und die große Hauptbibliothek von Dresden.

Probieren Sie im Atrium das Vital-Restaurant *Fu Long* mit asiatisch angehauchter Inneneinrichtung und offener Frontküche.

25

Kulturwirtschaft
Kraftwerk Mitte 16
01067 Dresden
0351 48484758
www.kulturwirtschaft-kuhnt.de

EIN MUSENTEMPEL VOLLER ENERGIEN

Kulturwirtschaft im Kraftwerk Mitte

Was für ein geschichtsträchtiger Ort! Anno 1838 wurde an dieser Stelle auf 39.000 Quadratmetern das Gaswerk Altstadt eröffnet, knapp 60 Jahre später ein hochmodernes Lichtwerk, in dem aus Braunkohle mithilfe von zwei dampfbetriebenen Dynamomaschinen elektrische Energie für Stadtbeleuchtung und Straßenbahnen erzeugt wurde. Zu DDR-Zeiten mulmte der Qualm mitten in der Stadt aus vier schlanken Essen wie ein Wahrzeichen in den sächsischen Himmel. 1993 kam das Aus, die Dreckschleuder wurde komplett stillgelegt.

17 weitere Jahre wurde im Rathaus hin und her überlegt, dann kam die frohe Botschaft im Juni 2010 als Stadtratbeschluss: Dem alten Kraftwerk wird als Kulturzentrum neues Leben eingehaucht! Das Theater der Jungen Generation (TJG) und die Staatsoperette werden in dem riesigen Ziegelkomplex im Baustil des Historismus ihr neues Domizil finden. Nägel mit Köpfen für 140 Millionen Euro Gesamtinvestition! Im Dezember 2016 weihte Oberbürgermeister Hilbert den neuen Musentempel feierlich ein. Auch kulinarisch gibt es Kleinode zu entdecken: ein lauschiges Café – das Minibistro *T1* – im ehemaligen Pförtnerhäuschen und das Restaurant Kulturwirtschaft gleich neben dem Zentralkino.

René Kuhnt heißt der Kreativkopf hinter der blanken Industrie-Romantik. Was hat der Mann nicht alles an Originalteilen liebevoll restauriert: alte Scheunentore, ein Turnpferd, Tische mit massiven Holzbohlen, eine Ständerbohrmaschine als Lampe und ebenso zwei üppige Lüster. Auch wenn Gäste alleine ins Restaurant kommen, sie müssen sich bei der überbordenden Staffage nicht alleine fühlen. Vom Toilettengang ins Paradies oder auch zum kulinarischen Laufsteg, dem Buffet mit Selbstbedienung oder themenbezogene Menüs je nach Kulturprogramm – es ist kein Ende der schöpferischen Energie des Betreibers René Kuhnt abzusehen. Weiter so!

Die Kulturwirtschaft lädt sowohl zu Jazzabenden als auch zu Kammerspielen ein!

26

Maritim-Hotel & Internationales Congress Center Dresden
Devrientstraße 10–12 /
Ostra-Ufer 2
01067 Dresden
0351 2160
www.maritim.de

EINE FEINE ADRESSE

Maritim-Hotel und Erlweinspeicher

Erstaunlich, was aus einem alten, verlotterten Speichergebäude auferstanden ist: das noble Vier-Sterne-Superior-Hotel Maritim! Es ist unübersehbar mit seinen fünf Giebelsäulen, die früher Tausende Tonnen Güter fassten und heute Hunderte von Gästen. Nach dem Durchschreiten des Haupteinganges steht man im Foyer, dessen Dimensionen einem die Augen weiten. Ein Lichthof, ein Atrium von gewaltiger Höhe überdehnt beinahe das Genick beim Hinaufschauen.

Das architektonisch einmalige Gebäude stammt ursprünglich aus den Jahren 1913/1914 und wurde von Hans Erlwein konzipiert, der als junger 32-jähriger Stadtbaurat ab 1904 frischen Wind nach Elbflorenz brachte. Hans Erlwein war ein Glücksfall für Dresden wie auch umgekehrt, denn er konnte seine hohe Position ohne Hochschulabschluss antreten, fiel zudem mit recht unorthodoxen Entwurfsmethoden auf. Statt Zeichnungen präsentierte er dreidimensionale Gebäudemodelle, die er aus Knetmasse zusammengebastelt hatte. Mit seiner klaren Handschrift prägte er mit etwa 50 Gebäuden ein modernes Stadtbild, frei vom schwülstigen Historismus. Schlichtheit und Zweckmäßigkeit waren sein Credo.

Wenn Erlwein keine Restriktionen durch besondere Infrastruktur in der Nachbarschaft bremsten, dann kleckerte er nicht, er klotzte – so am Gasometer in Reick (1908), wo er mit dem neuen Baumaterial Stahlbeton Maßstäbe zu setzen verstand. Fünf 40 Meter hohe Treppentürme hielten einen Gebäudering von 60 Metern Durchmesser zusammen, in dem 110.000 Kubikmeter Gas waberten, gekrönt von einem zirkusähnlichen Kuppeldach. Das Riesenteil steht ohne Dach heute leer im Raum.

Auch der Speicherkoloss (20.000 Quadratmeter Lagerfläche) an der Elbe ist in Stahlbeton gegossen worden, was von der Stabilität bis in alle Ewigkeiten halten sollte.

Hans Erlweins Leben endete hingegen vorzeitig und tragisch. Freiwillig zog er kriegsbegeistert 1914 an die Westfront und starb im ersten Kriegsherbst bei einem Autounfall.

Gaumenfreuden beim Sonntagsbrunch mit einem Büfett, wie es erlesener kaum vorstellbar ist.

27

Kuppelrestaurant in der Yenidze
Weißeritzstraße 3
01067 Dresden
0351 4905990
www.kuppelrestaurant.de

1001 Märchen GmbH
Körnerplatz 3
01326 Dresden
0351 4951001
www.1001maerchen.de

MÄRCHENHAFTE KUPPEL GRÜSST SACHSEN

Kuppelrestaurant in der Yenidze

Beim Panoramablick von der Frauenkirche oder vom Schlossturm gen Nordwesten sind Ortsfremde oft erstaunt über die bunte Moscheekuppel aus Glas am Horizont. Hat der Islam in Sachsen so selbstbewusst Fuß fassen können, dass er beinahe in Stadtmitte so einen prächtigen sakralen Palast bauen durfte? In der heutigen dünnhäutigen Zeit wäre ein solcher Neubau sicherlich höchst umstritten.

Vor über 100 Jahren hatte der Architekt Martin Hammitzsch keine Probleme bei der Errichtung, zumal es sich um einen pseudoorientalischen Industriebau einer Zigarettenfabrik handelte. Maurische Verzierungen am Hauptgebäude, ein Schornstein als Minarett und eben die markante Glaskuppel von 18 Metern im Durchmesser erinnern an die Herkunftsländer des verarbeiteten Tabaks. Im Krieg mit wenig Zerstörung glimpflich davongekommen, diente die Yenidze zu DDR-Zeiten als Lagerkontor der volkseigenen Zigarettenmarken wie *F6* und *Caro*.

Seit der originalgetreuen Sanierung 1996 wird das Gebäude bis heute als Bürohaus genutzt, die Kuppel als Kulturstätte und Restaurant mit Biergarten. Der bietet einen weiten Blick über die Altstadt und wirbt mit dem Attribut, der höchste von Dresden zu sein. Ich sitze beim Bier lässig in einem der bequemen Sofas und lasse die Blicke schweifen. Wie ein riesiger Lampion ragt die von innen illuminierte Glaskuppel in der blauen Stunde neben mir auf. Kein Wunder, dass über 20 Jahre lang Märchen für Jung und Alt im romantischen Ambiente der Kuppel gelesen wurden. Leider machte der Klimawandel den Veranstaltern zunehmend zu schaffen: im Winter zu kalt, im Sommer zu heiß! Tja – wer hat an der Stelle 10 Millionen Euro für eine doppelglasige, denkmalsgerechte Thermoverschalung übrig? Ein märchenhaftes Sponsoring täte hier not!

Die 1001 Märchen GmbH ist ins Bräustübel am Körnerplatz umgezogen! Dort kann man Märchen und Geschichten aus aller Welt lauschen.

28

Augustusbrücke
Zwischen Schlossplatz
Altstädter Seite und
Neustädter Markt
01097 Dresden

Zwischen Altstadt und Neustadt

Augustusbrücke

Anno 1275 wurde erstmals eine Brücke erwähnt, um 1287 soll sie bereits steinerne Pfeiler besessen haben. Im Mittelalter bestand die Brücke aus 24 Pfeilern und 23 Bögen mit »800 Schritten Gesamtlänge und 15 Ellen Kronbreite«. Eine Zeit lang war sie die längste Bogenbrücke in Europa. Als Krönung thronte seit 1670 auf einem der Brückenpfeiler ein vergoldetes Kruzifix, knapp zwei Tonnen schwer.

Es hat ihr wenig genützt, denn alsbald kam es knüppeldick: 1813 sprengten napoleonische Truppen einen Pfeiler und seine Anschlussbögen. 1845 versank im bis dahin verheerendsten Elbehochwasser das berühmte Kruzifix in den Fluten und wurde bis heute nicht wieder gesichtet. 1945 sprengte die SS vor der anrückenden sowjetischen Armee die Brücke.

Erst seit Sommer 1949 steht sie friedlich und solide im Strom. Gerne stehe ich in der Ausbuchtung des Mittelpfeilers und schaue hinunter, wie die Elbe die steinernen Rundungen sanft umströmt. Die Elbe. Bestimmende Hauptachse, Lebensader und ruhiger Gegenpol zur Hektik der Großstadt.

Von der Brücke bietet sich ein direkter Blick auf die vor Anker liegenden Schaufelraddampfer am Terrassenufer. Wenn der Kapitän bei Abfahrt oder Ankunft das dampfstrahlende Schiffshorn betätigt, dann fliegen einem glatt die Trommelfelle davon. Es ist das denkbar beeindruckendste Geräusch, das über die Stadt schallt …

Zwischen 2017 und 2021 ist die steinerne Diva generalüberholt worden. Leider trugen die Bestrebungen nur bedingt Früchte, die Augustusbrücke für Flaneure attraktiver zu machen. Nach Prager Vorbild sollte die Idee zu einer »Karlsbrücke für Dresden« realisiert werden. Für Maler, Straßenmusiker, auch für Kunstausstellungen und Veranstaltungen könnte die Brücke eine richtige Kulturstrecke darstellen. Dieser Traum scheint leider vorerst vom Tisch!

Gehen Sie in den Abendstunden von der Neustädter Seite über die Brücke auf die beleuchtete Altstadtsilhouette zu!

Atelier
www.buchstabenorte
Typografische Stadtplä

29

Museum für Völkerkunde Japanisches Palais
Palaisplatz 11
01097 Dresden
0351 49142000
https://voelkerkunde-dresden.skd.museum

KULTUR IM PRACHTBAU

Japanisches Palais

Beim Spazieren über die Königstraße vom Albertplatz her fällt schon von Weitem ein kolossaler Prachtbau auf, der anfangs nur schemenhaft hinter einer großen Wasserfontäne erscheint. An dem mächtigen Gebäude haben bedeutende Baumeister wie Pöppelmann und Longuelune ihre Handschrift hinterlassen. 1719 spielte es eine beachtenswerte Rolle während der pompösen Feierlichkeiten zur Hochzeit des sächsischen Kurprinzen. 2.000 Gäste sollen über 30 Tage beköstigt und amüsiert worden sein. August der Starke gedachte, das Palais als Porzellanschloss zu nutzen, um seiner ständig wachsenden Porzellansammlung einen repräsentativen Rahmen zu geben.

1727–1733 wurde die Bauerweiterung zur heutigen Vierflügelform im spätbarocken Stil realisiert. Grimassen schneidende Chinesenhermen im Innenhof – sehr realistisch dargestellt – und fernöstliche Porzellane bewirkten eine Umbenennung des Gebäudes in Japanisches Palais, die bis heute gebräuchliche Bezeichnung. Die Steinmetzarbeiten im Dreiecksgiebel stammen von Benjamin Thomae, der seine Werkstatt unweit der Dreikönigskirche betrieb. Graf Marcolini ließ die heute noch zu lesende Inschrift »Museum usui publico patens« (Museum zur öffentlichen Nutzung) am Portal in Stein meißeln. Die kurfürstliche Bibliothek (später Landesbibliothek) hielt Einzug, ebenso die antike Skulpturensammlung und das Münzkabinett. Um 1836 modernisierte Gottfried Semper das Erdgeschoss mit pompejanischen Malereien und gab den Fassaden einen spätklassizistischen Schliff. 1945 versank der herrliche Palazzo in Schutt und Asche, wurde bis 1957 wieder aufgebaut und fungiert heute als Landesmuseum für Vorgeschichte und Völkerkunde mit über 90.000 Exponaten. Darüber hinaus finden oft bedeutsame Sonderausstellungen statt.

In den 80er-Jahren wurde der Palaisgarten restauriert. Die Reste der einstigen Bastion bieten heute einen schönen Überblick über die Anlage. Im Übrigen lässt sich im dahinterliegenden Park zwischen alten Bäumen wunderbar lustwandeln.

Im Sommer finden häufig Open-Air-Performances im Innenhof statt mit dem Höhepunkt zur Museumsnacht im Juli.

30

Glockenspielpavillon
Hinter dem Japanischen
Palais am Elberadweg
Palaisplatz 11
01097 Dresden

Informationen zum **Elberadweg** und **Fahrradfest:**
www.elberadweg.de
www.sz-fahrradfest.de

Glockenspiel und Fahrradklingel

Glockenspielpavillon und Elberadweg

Der kleine Glockenspielpavillon befindet sich direkt am Elberadweg zwischen Westin Bellevue Hotel und dem Japanischen Palais. Er ist schmucklos und unscheinbar, und als ob er das weiß, macht er zu jeder halben Stunde mit einer blechern klingenden Melodie auf sich aufmerksam. Eine Mechanik behämmert eine Anzahl Metallglöckchen. Eine Minute Gebimmel, 29 Minuten Stille. Sie können die Aussicht von der runden Steinbank genießen – insbesondere auf das bunte Treiben auf dem Elberadweg.

Spaziergänger sind hier eher in der Minderzahl. Ein Mountainbiker mit Rastalocken und wimmernden Stollenreifen. Eine elegante Dame schnurrt völlig verträumt auf einem Damenfahrrad aus den 20ern dahin. Ein Vater ächzt mit Baby im Anhänger auf einem Diamant-Oldtimer gegen den Wind. Ein Rennradfahrer, durchgestylt von der Markensportbrille bis zum grünen Schlauchreifen, überholt verbissen alles, was sich bewegt. Ein kleiner Steppke versucht im Tempo mitzuhalten, schleudert und klatscht auf den Asphalt. Ein älterer Herr hält an und hilft dem Kleinen auf, brüllt dem Rennradler hinterher: »Mensch, du Haderlump, pass off, wenn ich dich das nächste Mal erwische!«

Das bunte Völkchen der Radfahrer dominiert eindeutig diesen kulissenreichen Radweg in Dresden, das sich zu einer Fahrrad-Hochburg entwickelt hat. Der Elberadweg als der beliebteste Radfernweg Deutschlands führt vom Riesengebirge (Tschechien) über 1.091 Kilometer bis an die Nordsee.

Die umgekehrte Radelrichtung ist bei den vorrangigen Nordwestwinden kraftsparender! Es gibt vielerlei Indizien, dass sich Radfahren in Dresden aus einem Nischendasein verabschiedet hat. Die Sächsische Zeitung ruft alljährlich im Sommer zum Radfest auf, ein Riesen-Event mit inzwischen etwa 10.000 Teilnehmern.

Sie müssen sich nicht anstecken lassen auf Ihrem Beobachtungsposten im Glockenspielpavillon … Nicht erschrecken, wenn es wieder schellt!

Testen Sie den Elberadweg zwischen Körnerplatz und Ballhaus Watzke, beziehungsweise zwischen Schillerplatz und Augustusbrücke – das sind zusammen 18 Kilometer.

31

An den **Elbwiesen** liegt das **Bilderberg Bellevue Hotel Dresden**
Große Meißner Straße 15
01097 Dresden
0351 8050
www.bilderberg-bellevue-dresden.de

HIER SCHWEIGEN ALLE UHREN

Canaletto-Blick in den Elbwiesen

Das Westin Bellevue Hotel bildet die Kulisse für diese Sinnesoase am Elbufer. Noch in der DDR in den 80er-Jahren von den Japanern für harte Währung gebaut, schirmt das Gebäude den Straßenlärm zur Elbe hin ab. Die schattige Wiese zum Elberadweg hin bietet sich zum Ausruhen an – rings um den Brunnen der drei Grazien von Vinzenz Wanitschke. Einige Meter von den Fontänen nach vorne geschritten und Sie genießen den berühmten Canaletto-Blick auf die Altstadt.

Der italienische Meister hat im 18. Jahrhundert einige fotografisch anmutende Stadtansichten gemalt, von denen 15 erhalten und in der Galerie Alte Meister zu bewundern sind. Die nach ihm benannte Aussicht gilt bis heute als die schönste auf das barocke Elbflorenz (im Bild im roten Rahmen). Eine ähnliche Perspektive haben Sie vom Café Elbsegler aus, das seinen Namen den Segelmasten und Sonnensegeln über dem »Schiffsdeck« verdankt. Wenn Sie es noch etwas lauschiger und geborgener lieben, gibt es die Möglichkeit, den Kaffee einige Schritte weiter im Garten am Barock-Palais einzunehmen.

Kurz vor der Augustusbrücke fällt ein linker Hand gelegenes Gebäude ins Auge: das barocke Blockhaus, ehemals Neustädter Wache. Beim Durchschreiten eines Steinbogens der Augustusbrücke sehen Sie im Gewölbe eine Streifenlinie. Über ihr ist das Gestein dunkel, unter ihr wirkt der Sandstein heller und gelblicher. Es handelt sich um die Höchstmarke der Elbeflut vom 17. August 2002, als der Fluss einen Pegel von 9,40 Metern erreichte und die reißende Strömung den Stein blank scheuerte.

Hinter der Brücke gelangen Sie links in einen Biergarten, vor dessen Eingang ein seltsames Denkmal steht: Hofnarr Fröhlich. Er war der Kasper von August dem Starken, wurde großzügig honoriert und konnte sich hier an dieser exponierten Stelle am Brückenkopf ein Haus leisten, das später sogenannte Narrenhäusel, das ein Flammenopfer der Bombennacht im Zweiten Weltkrieg geworden ist. Der Hofnarr wäre auf der Flucht vor dem Inferno sicherlich wie ein Kugelblitz auf das goldene Pferd zum Herrscher hinaufgesprungen …

Sonnensiesta auf den Teakholz-Stühlen im öffentlichen Hotelgarten oder direkt auf der Wiese an der Augustusbrücke mit Picknick und Decke.

32

Sächsische Dampfschifffahrt
Zustieg am Terrassenufer

Weiße Flotte Sachsen Sächsische Dampfschifffahrt (Büro für Gruppenbuchungen)
Georg-Treu-Platz 3
01067 Dresden
0351 866090
www.saechsische-dampfschifffahrt.de

DAMPFSCHIFFFAHRT AUF DER ELBE

Schaufelraddampferflotte

Als kleiner Junge interessierte mich die schöne Landschaft zu beiden Seiten der Elbe herzlich wenig. Ich stand die meiste Zeit im Mittelschiff und bestaunte die schnaufende Dampfmaschine, deren zwei Zylinder in gelassener Gleichmäßigkeit die Kurbelwelle drehten. Ein kohleverschmierter Heizer schaufelte ständig Koks in den gefräßigen Schlund des Kessels. Der Dampfer als Symbolträger für weite Reisen fort aus dem Alltag, für kindliche Fernwehträume. Anfang der 70er-Jahre machten es die Digedags vor, Helden aus der Comic-Zeitschrift *Mosaik*, die zum Wettrennen zwischen New Orleans und Baton Rouge auf dem Mississippi antraten.

1836 konstruierte Professor Andreas Schubert die ersten Dampfschiffe für Dresden, und bereits ein Jahr später »schaufelte« sich die *Königin Maria* in öffentlicher Fahrt auf der Elbe bis in die Sächsische Schweiz. Der Erfolg führte zu einer raschen Aufrüstung der Dampferflotte. Seit 1910 konnten die Schiffe den bestmöglichen Liegeplatz am Terrassenufer vor der historischen Kulisse der Brühlschen Terrasse beziehen.

Aus den weiß angestrichenen Schiffen leitete sich der bis heute übliche Name *Weiße Flotte* ab. Die Flotte besteht aus neun Raddampfern und zwei modernen, etwas überproportionierten Salonschiffen. Die Schaufelraddampfer sind sämtlich generalüberholt. Fast alle Kesselanlagen wurden auf Heizölbetrieb umgestellt. Nur auf der *Diesbar* muss ein Heizer immer noch 450 Kilo Steinkohle pro Stunde in den Kessel schippen!

Die Fahrt vom Terrassenufer aus stromauf ist landschaftlich von einmaligem Reiz. Viele auch in diesem Buch geschilderten Lieblingsplätze passieren Revue bis hin an die Grenze zur Böhmischen Schweiz bei Schmilka. Auch stromab lohnt sich eine Schiffsfahrt an Radebeul vorbei bis nach Meißen. Allerdings ist der Fahrplan vergleichsweise ausgedünnt.

Als schönste Strecke mit der pittoresken Kulisse des Elbhanges die kleine Rundfahrt bis Pillnitz und zurück buchen.

33

Ballonfahrt
Königsufer
01307 Dresden

Ballonfahrten Dresden mit Jürgen Hensel
Leutewitzer Ring 137
01169 Dresden
0351 4161700
www.ballon-dresden.de

SANFTES WETTER UND LANGE SCHATTEN

Ballonfahren vom Königsufer

Ein über 100 Meter breiter Grasstreifen zieht sich am Neustädter Ufer an der Elbe entlang, mitten durch die Stadt. Zu Hunderten liegen hier die Menschen an warmen Tagen und Abenden auf Decken im Grünen, genießen die kühlende Brise am Fluss und die grandiose Aussicht. Vor der Kulisse der Altstadt liegt zwischen Augustus- und Carolabrücke auch der Startplatz für Heißluftballons. Wenn ich sie aufsteigen sehe, bekomme ich aus ganz persönlichen Gründen immer ein eigentümliches Bauchgefühl …

Frühjahr 1987: Ein junges Ehepaar in Dresden hat den Sozialismus satt und plant die Flucht in den Westen. Beide haben ihr TU-Diplom in der Tasche. Sie ist Bauingenieurin, er Maschinenbaukonstrukteur – gute Voraussetzungen für ein Projekt besonderer Dimension: den Bau eines Heißluftballons. Die Entscheidung, auf diesem Wege den Eisernen Vorhang zu überwinden, war ein längerer Prozess. Genau genommen begann er in der Kindheit mit Stadtgas-gefüllten Luftballons, dann folgten über metergroße selbst gebastelte Heißluftballons aus dünnem Serviettenpapier in der Schülerzeit bis zum großen Fluchtballon. Am Ende war es die Summe von vielen Mosaiksteinen, die sich addiert haben, bis die Entscheidung klar war.

Die DDR mit einem 20 Meter hohen Stoffballon aus 480 vernähten Bettlaken zu verlassen, erschien dem Ehepaar eine sehr würdige Art, die verbotene Grenze zu überwinden. Zwei Jahre arbeiteten die beiden in aller Heimlichkeit und Angst vor dem Entdecktwerden in ihrer kleinen Zweiraumwohnung in Dresden-Ost an dem Stoffungetüm.

Sie bauten eine Gondel mit einem 1.000-PS-Propangasbrenner, testeten alles auf einsamen Waldlichtungen im Erzgebirge. Als der Ballon im Sommer 1989 startklar war, begann die Mauer zu bröckeln. Egal, es gab kein Zurück mehr, die Eigendynamik trieb das Pärchen bis zur letzten Konsequenz, dem Start in Thüringen am 13. Oktober 1989!

Klar – der Konstrukteur des Ballons bin ich selbst gewesen. Übrigens sind wir nach der Wende selber einmal mit einem Profi-Ballon vom Elbufer aus abgehoben, aus der Stadt, aus der wir einst fliehen wollten.

Wählen Sie den Abend als Startzeit, da können Sie das urbane Leben in aller Prallheit beobachten.

84

Goldener Reiter
Neustädter Markt/
Hauptstraße 38
01097 Dresden
www.dresden.de

Eiscafé Venezia
Hauptstraße 2
01097 Dresden
0351 8023340
www.venezia-dresden.de

Aufbruch nach Polen?

Goldener Reiter

Da schimmert er gülden hoch zu Rosse, das sich aufbäumt gen Norden, im Sturmwind Warschau entgegen. Ist der Start zum Galopp ein Zeichen für einen überstürzten Aufbruch? Sitzt dem Kurfürsten eine unbequem gewordene Mätresse im Nacken? Man kann sich so seine Gedanken machen um unseren berühmten Sachsen-Kurfürsten August den Starken. Oder man setzt sich vis-à-vis auf die im Sommer sonnenwarmen Steinsockel zweier reich verzierter Fahnenmasten, schleckt Eis und schluckt und guckt …

Es gibt zwei Hauptvarianten, eine Stadt zu entdecken: Entweder man bewegt sich selbst oder man bleibt an seinem Platz und lässt die Stadt vorüberziehen. Die Steinstufe ist so ein idealer Platz für letztere Möglichkeit. Man schaut vor sich auf die Augustusbrücke zur Altstadt hinüber und auf das ehemalige Blockhaus (einstige Neustädter Wache), die davorliegende vierspurige Straße, deren Verkehrslärm zwei Nymphenbrunnen nur geringfügig dämpfen. Sie flankieren den Neustädter Markt ebenso wie die ehemaligen DDR-Neubauten, die saniert und geschönt das rückwärtige Areal einrahmen und hinter einer schattenspendenden Platanenallee gnädig den Blicken entschwinden.

Stararchitekt Daniel Libeskind wollte an der Stelle der Betonsilos zwei auf ihren Spitzen stehende Häuserwürfel drapieren, um einen Durchblick zur barocken Rähnitzgasse zu realisieren. Leider wurde die Idee von den Stadtplanern abgeschmettert.

Ich sitze nach wie vor auf warmem Steinsockel und beobachte den fast leeren Granitpflasterplatz vor der Reiterstatue. Er ist nicht immer leer. Zu Feiertagen sind oft Bühnen, Stände und Buden aufgebaut. Heute wird er von einem bunten Völkchen besucht: Touristen mit Kameras, tätowierte Radfahrer, junge Muttis mit Babywagen, Spatzen jagende Kinder, alte Männer mit Dackeln und Studenten mit schiefen Baskenmützen … So wirkt der Neustädter Markt wie eine Bühne mit kontrastreichen Passanten aus Alt- und Neustadt

Das beste italienische Eis Dresdens finden Sie im Eiscafé Venezia direkt am Platze. Probieren Sie Whisky, Sahne-Kirsch oder *Mon Chéri*.

35

An der **Hauptstraße** liegt das **Kügelgenhaus – Museum der Dresdner Romantik**
Hauptstraße 13
01097 Dresden
0351 8044760
www.museen-dresden.de

ALTES UND MODERNES ENG BEIEINANDER

Auf der Hauptstraße flanieren

Die Hauptstraße entstand wie die parallele Königstraße zu Beginn des 18. Jahrhunderts und wurde vom Architekten Wolf Caspar von Klengel raffiniert konzipiert: Sie ist am Neustädter Markt 57 Meter breit und an ihrem Ende am Albertplatz nur noch 38 Meter. Die Hauptstraße verengt sich auf ihrer Länge von 400 Metern permanent, sodass der Goldene Reiter scheinbar in eine endlose Allee hineinblickt, was sehr erhaben wirkt.

Um sich einen Gesamteindruck zu verschaffen, sollte man diese Straße beim ersten Mal durch die Mittelachse beschreiten. August der Starke sitzt Ihnen im Rücken. Die Linden sind längst ausgewachsenen Platanen gewichen. Sie stehen auf Grünflächen mit Blumenbeeten, hübsch anzusehen. Die schönste Bepflanzung initiiert die Natur alljährlich im Frühjahr selbst, wenn Tausende Krokusse Anfang März die Hauptstraße in ein Meer aus violetten Blüten verwandeln. Nach dem ersten Drittel mit gesichtsarmen Wohnblöcken folgt ein Abschnitt mit in den 70er-Jahren liebevoll restaurierten Bürgerhäusern, zumindest linker Hand, wo im Kügelgenhaus das Museum für Dresdner Romantik eingerichtet worden ist. Gerhard von Kügelgen war ein gefragter Porträtmaler und Professor an der Kunstakademie, wohnte mit seiner Familie seit 1805 in diesem Haus.

Kurz vor der Dreikönigskirche stand bislang die interessanteste Skulptur auf der Hauptstraße: eine steinerne halbnackte Dame in lasziver Körperhaltung. Die eine Hand stützte sich auf eine größere Kugel, mit der anderen hielt sie ein Fernrohr, durch das sie zum Goldenen Reiter schaute. Wartete sie, bis der kurfürstliche Tross angeritten kam? War die Kugel eine Bombe? War sie die Rächerin all der abgehalfterten Mätressen? Da bleibt ein Rätsel ungelöst … genau genommen auch ein zweites, denn momentan ist nur ein nackter Sockel zu sehen. Die Stadt hüllt sich über die Dauer der Restauration in Schweigen …

Rechter Hand erhebt sich der imposante Bau der Markthalle aus dem Jahre 1899. Ein kurzer Abstecher in das Jugendstil-Ambiente im Inneren lohnt sich. Am Ende der Hauptstraße treffen Sie wieder auf kastenförmige Wohnblöcke, bevor sich der Blick zum Albertplatz weitet. Also umgedreht und retour!

In den Durchgängen und Innenhöfen können Sie sich von interessanten Einblicken und Entdeckungen überraschen lassen.

36

Dreikönigskirche
Haus der Kirche
Hauptstraße 23
01097 Dresden
0351 81240
www.hdk-dkk.de

EINE WANDERUNG VON 80 METERN

Dreikönigskirche

Keine andere Kirche in Dresden kann auf eine so wechselvolle Geschichte verweisen wie dieser gewaltige Sakralbau in der Inneren Neustadt. Die erste urkundliche Erwähnung findet sich anno 1421 im damals noch selbstständigen Altendresden, das erst später in Neustadt umbenannt wurde. Hussiten zerstörten 1429 diese erste Dreikönigskirche, der Wiederaufbau fand 1500 bis 1506 statt. Beim großen Stadtbrand 1685 wurde die Kirche erneut eingeäschert.

Bereits drei Jahre später stand sie in neuer Pracht an alter Stelle, allerdings nicht mehr lange. August dem Starken war das Gebäude im Wege, wenn er mit seinem höfischen Tross in gerader Linie vom Schloss über die Elbbrücke zu reiten beliebte. Ebenso umgekehrt bei seiner Ankunft. Kurzerhand ließ er die Kirche 1731 in die Lücke zwischen König- und Hauptstraße »verschieben«. Kein Geringerer als Matthäus Daniel Pöppelmann, der Erbauer des Zwingers, wurde mit der Planung und Umsetzung beauftragt. Verschieben bedeutete abreißen und versetzt neu errichten, alles auf Kosten der kurfürstlichen Schatulle. Dabei war der barocke Neubau mit 3.850 Sitzplätzen einer der gewaltigsten Kirchenbauten von Dresden.

Im Zweiten Weltkrieg zerstört, wurde sie 1984 bis 1990 äußerlich original wieder aufgebaut. Innen fungiert das Gebäude nun als ein Tagungs-, Begegnungs- und Veranstaltungszentrum. Der Gottesdienstsaal schrumpfte auf 450 Plätze zusammen.

Die Überreste des Barockaltars von Thomae wurden als Mahnmal gegen den Krieg wieder eingebaut. Gegenüber dem Altar unter der Orgel ist ein Renaissancerelief installiert: Totentanz – ein zwölf Meter langes Sandsteinmonument mit 24 Menschen und drei Todesfiguren. Man könnte nun befürchten, deswegen wäre die Atmosphäre darin schwer und lastend. Stattdessen wirkt der Raum licht und lebenszugewandt. Die Dresdner haben diese Stätte auch für Kulturveranstaltungen angenommen. Eine Veranstaltungsreihe mit Weltmusik hat sich die Dreikönigskirche zur festen Spielstätte auserkoren. So scheint diese schicksalsgebeutelte Kirche ihren Frieden gefunden zu haben …

Einen schönen Blick können Sie vom Turm über die Innere Neustadt genießen, speziell die Dachlandschaft haben Sie gut im Blick.

37

Societaetstheater
An der Dreikönigskirche 1a
01097 Dresden
0351 8036810
www.societaetstheater.de

L'art de vie
An der Dreikönigskirche 1a
01097 Dresden
www.l-art-de-vie.de

DAS ÄLTESTE BÜRGERTHEATER DRESDENS

Societaetstheater

Es liegt versteckt. Am besten, Sie nähern sich dem Liebhabertheater von der Hauptstraße durch die Bürgerhäuser nahe der Dreikönigskirche. Es gibt da Ladenpassagen, die gleichzeitig als Durchgänge fungieren und auf einmal stehen Sie in einem großen Innenhof und schauen auf ein barockes Gartenhaus mit angegliedertem Café und Restaurant und einem zierlich angelegten Kräutergarten. Von hier haben Sie einen seitlichen Blick auf das Societaetstheater. Im Hof finden zur Sommerzeit auch Open-Air-Vorstellungen statt.

Zwischen schaubudigem Spektakelwesen und königlichem Hoftheater formierte sich Ende des 18. Jahrhunderts eine Strömung aus anspruchsvollen Bürgern und Adligen, die das Liebhaberspiel entwickelt sehen wollten. 15 Adlige und gelehrte Bürger gründeten schließlich 1776 das erste Privattheater in Dresden »bey gleichem Geschmacke an der Kunst und zur geselligen Freude«. Die zumeist nicht öffentlichen Vorführungen fanden überwiegend in der kalten und dunklen Jahreszeit zwischen Dezember und Mai statt. Die kleine Bühne (5×6 Meter) wurde mit Talg- und Wachskerzen mehr schlecht als recht illuminiert. 24 Musiker konnten vor bis zu 250 Zuschauern aufspielen, die sich aus Freunden, Verwandten und Bekannten zusammensetzten. Fremde Besucher waren eher die Ausnahme, was dem hohen Bekanntheitsgrad und Stellenwert in der Theaterlandschaft keinen Abbruch tat. Ganz im Gegenteil, denn nach dem Modell dieses Gesellschaftstheaters wurden bis Anfang des 19. Jahrhunderts allein in Dresden zwölf weitere Societaetstheater gegründet!

Das Dilettantenspiel konnte seine Möglichkeiten bei einfachen Dramen und Possen ausreizen, kam allerdings bei den großen Historiendramen, unter anderem von Schiller und Goethe, an seine Grenzen. Der Ruf des eher harmlosen Amüsements bewirkte den Niedergang ins Abseits der etablierten Theatergesellschaft. 1832 wurde das Societaetstheater geschlossen, um erst 1999 wieder eröffnet zu werden.

Das Ensemble versteht sich heute als ein modernes Kammertheater, das auch Plattformen für experimentelle und avantgardistische Séancen im Tanz- und Musikgenre bietet.

Zeit nehmen für eine Teestunde auf der Sonnenterrasse am *L'art de vie*! Besonders lecker sind die Suppen!

38

Flanieren auf der Königstraße
Startpunkt: Albertplatz
01097 Dresden
www.barockviertel.de

Via Re
Königstraße 6
01097 Dresden
0351 802597
https://via-re.eatbu.com

PRACHTBOULEVARD MIT HÖHEPUNKTEN

Flanieren auf der Königstraße

Nach dem großen Stadtbrand 1685 in Altendresden wurde ab 1731 unter persönlicher Federführung von Pöppelmann die Straße neu angelegt. Die barocken Bürgerhäuser mussten alle gleiche Gesims- und Geschosshöhen aufweisen. Zu DDR-Zeiten war der Anblick ein Trauerspiel, heute erinnern nur noch einzelne Häuser an das Grau maroder Bauwirtschaft. Zwischen 1991 und 1997 wurde historisch getreu saniert.

In die Erdgeschosse zogen unter anderem Edelboutiquen ein. Der noblen Königstraße eilte bald der Ruf voraus, königlich teuer zu sein. Die Dresdner mieden die Geschäfte der Königstraße eher, kauften lieber auf der Hauptstraße oder Prager Straße. Viele der kleinen, aber feinen Läden gingen pleite. Geblieben ist das barocke Ambiente.

An der Rückseite der Dreikönigskirche öffnet sich die Straße zu einem schönen Platz unter Linden. Sie können hier im leisen Geplätscher des Rebecca-Brunnens einen Espresso genießen, den Ihnen die Tapas-Bar El Español an schattigen Tischen serviert.

Sie tangieren das Fünfsternehotel Palais Bülow und biegen rechts ins u-förmige Wallgässchen ein zur Prisco-Passage. Arturo Prisco ist ein italienischer Stoffhändler und Millionär, der eine Schwäche für die Stadt hat und sich seit 20 Jahren für Dresden stark macht. Die nach ihm benannte Passage ist ein kleines Refugium mit Erholungswert. Es gibt ein vorzügliches vietnamesisches Restaurant mit Freiluftplätzen im lauschigen Hof und im Durchgang ein zweiräumiges Café.

Wieder in der Königstraße: Modeboutique, Schuhladen, das empfehlenswerte italienische Restaurant *Via Re* im Hinterhof, die Schokoladenoase *Chirel* und das böhmische Restaurant *Wenzel* mit überdachtem Innenhof und Seitengewölben. Geschafft! Am Palaisplatz können Sie sich nun am Beckenrand des Fontänenbrunnens ausruhen und genau überlegen, wie viel Geld Sie wo auf der Königstraße ausgeben möchten …

Nach dem Prinzip der Steigerung empfiehlt es sich, am Albertplatz zu starten und die Prachtstraße in Richtung Japanisches Palais zu spazieren.

39

Am **Albertplatz** liegt das **Erich Kästner Haus für Literatur**
Antonstraße 1
01097 Dresden
0351 8045087
www.kaestnerhaus-literatur.de

igeltour
Löwenstraße 11
01099 Dresden
0351 8044557
www.igeltour-dresden.de

DER KNOTENPUNKT

Albertplatz

Wenn man mit einem Zirkel auf einem Stadtplan den Radius des innerstädtischen Elbebogens nachziehen möchte, dann gelingt die geometrische Übung nur mit der Zirkelspitze im Albertplatz. Der Architekt Gottlob Friedrich Thormeyer hat diese Platzlage bewusst gewählt, um insgesamt zehn Straßen fächerförmig planen zu können. 1817 als Bautzner Platz angelegt, wurde er um 1871 zu Ehren des sächsischen Kronprinzen in Albertplatz umgetauft. Heute fungiert der Platz als Drehscheibe für den Autoverkehr.

In seinen Kindheitserinnerungen *Als ich ein kleiner Junge war* beschrieb Erich Kästner, wie er von der Gartenmauer das Gewusel auf dem Albertplatz beobachtete. An der Stelle (Ecke Antonstraße) sitzt er noch immer in Lebensgröße, allerdings aus Bronze, überragt vom ältesten Bürohochhaus Dresdens aus dem Jahre 1929. In Stahlbeton-Skelettbauweise errichtet, war es einst Stolz deutscher Bauingenieure gewesen. Bis in jüngste Zeit stand es 20 Jahre lang leer und gammelte vor sich hin, inzwischen ist die Restauration und Neubelebung zu einem Einkaufszentrum und Bürgerhaus erfolgt.

Meine Favoriten auf dem Platz sind unangefochten die beiden Brunnenanlagen, die in Platzmitte gegenüberliegen. Sie gehören zu den bedeutendsten wassersprudelnden Denkmälern der Stadt. Die runden Brunnenbecken von jeweils 19 Metern sind aus Granit geschliffen.

Robert Dietz entwarf die Zwillingsbrunnen Stürmische Woge und Stilles Wasser im Jahre 1894. Welcher Brunnen wie heißt, ist an der Figurengruppe leicht zu erkennen. Wo wild kämpfende Männer die aufgewühlte See verkörpern, kann es sich nur um die Stürmische Woge handeln. Auf der anderen Seite musizieren in verträumter Pose Meerjungfrauen, Nymphen und Putten, umgeben von Muscheln und Schnecken – das ist natürlich das Stille Wasser. Zu jeder Jahreszeit hat diese Brunnenanlage ihren Reiz: im Sommer, wenn das rauschende Wasser das Denkmal lebendig hält, und ebenso im Winter, wenn der fehlende Wasservorhang ungehinderte Blicke auf die Figurenensembles gestattet.

Thematisch fundierte Stadtführungen zu Erich Kästner bietet igeltour an. Besonders geeignet für Schüler und Familien mit Kindern.

40

Die Welt der DDR
Antonstraße 2A
01097 Dresden
0351 56340888
www.weltderddr.de

Zurückgetaucht in ferne Jahre

DDR-Museum am Albertplatz

Wer in Ostalgie- und Nostalgiegefühlen schwelgen möchte, ist in vielen Museen in Sachsen an der richtigen Adresse. Ich gebe zu, eine Schwäche für diese Art der Erinnerungskultur zu besitzen. Das dürfte wohl nicht weiter verwunderlich sein, wenn man die prägenden Jugendjahre unter sozialistischer Ära erleben konnte. Eines der größten DDR-Museen befand sich bis 2006 vor den Toren der Stadt in Radebeul. Als es pleiteging, übernahm der bayrische Investor Peter Simmel die Sammlung in sein komplexes Einkaufscenter am Albertplatz. Für die im Januar 2017 in völlig neuem Gewand wieder eröffnete Ausstellung konnte das ehemalige Hochhaus der Verkehrsbetriebe mit einbezogen werden.

Auf 1.500 Quadratmetern kann der Besucher rund 60.000 Exponate bestaunen, darunter die Fahrzeugflotte der DDR vom Wartburg über den Trabbi bis hin zu den legendären Motorrädern von *MZ*. Meine Kindheit und Jugend lebt vor meinem geistigen Auge auf. Unglaublich, wie vertraut mir all die Dinge immer noch sind, obwohl die gesellschaftliche Wende über 30 Jahre her ist. Im Laden begrüßt mich eine flotte Verkäuferin, am Ostseestrand räkeln sich verführerische Schönheiten vor den Hauszelten, von den Plattencovers lächeln Veronika Fischer und Helena Vondráčková – übrigens auch zum Anhören. Überhaupt lädt das Museum zum Anfassen ein. Besonders interessant dabei die Foto- und Filmabteilung, in der ich tatsächlich altbekannte 8mm-Kameras entdecke und mir die Tränen kommen, als ich das mechanische Schnurren des Federwerkgetriebes höre. Original eingerichtete Wohn- und Kinderzimmer ergänzen die Sammlung. Auch ein Bad mit Badusan und dem typischen 80-Liter-Elektroboiler zerren ferne Diskussionen in der Familie ans Licht, wer zuerst in die Wanne darf, denn danach ist das Wasser erst einmal kalt gewesen!

Spezialführungen buchbar inklusive meines Ballonflucht-Vortrages im Klassenzimmer.

41

An der **Alaunstraße** liegt
Katys Garage
Alaunstraße 48
01099 Dresden
0351 6567701
www.katysgarage.de
www.scheune.org

VON ALTERNATIV ZU »SCHICKIMICKI«

Szenemeile Alaunstraße

Keine andere Straße zeigt den Charakter der Äußeren Neustadt so wie diese Hauptachse. Als Arbeiterviertel bis zum Ende des 19. Jahrhunderts gebaut, überstand das Stadtgebiet die Bombardierungen im Zweiten Weltkrieg unbeschadet, was man von der sozialistischen Ära nicht sagen kann. Die Bausubstanz wurde sträflich vernachlässigt und zerbröckelte. Ende der 80er-Jahre war der Abriss der Häuserzeilen schon beschlossene Sache. Der Fall der Mauer kam gerade noch rechtzeitig.

Am besten, Sie spazieren vom Albertplatz aus in die Alaunstraße hinein. Das ist wie ein Grenzübertritt in eine andere Welt. Von der barocken, vornehmen Weite der Inneren Neustadt und dem lichten Albertplatz in die Bronx. Auf einmal sind die Fassaden bunter und etwas schmuddliger. Lose Plakate flattern an schmierigen Wänden. Vor dem Konsum lagern schwarzkapuzige Jugendliche mit Hunden. Schreie und Gebell verhallen beim Weiterschlendern. Bald kommt das Kulturzentrum *scheune* rechts in den Gesichtskreis, bekannt für spezielle Programme während der Bunten Republik Neustadt. Dieses alljährliche Festivalwochenende hat sich zum überregional bekannten Hauptevent entwickelt, leider auch mit Schlagzeilen durch Krawalle und Prügeleien mit der Polizei.

Die Stadt hat die Äußere Neustadt zum Sanierungsgebiet erklärt, vermutlich mit der Absicht eines sozialen Wandels. Die finanzschwachen Schichten mit möglichem Aggressionspotenzial werden peu à peu herausgedrängt und machen gehobenerer Klientel Platz. Mittlerweile gilt es auch in Ärzte- und Juristenkreisen als »in«, hier am Nabel der Stadt zu wohnen. Doch noch ist die Äußere Neustadt ein Zentrum jugendlicher und schräger Originale – noch!

Nach der Kreuzung mit der Louisenstraße gestaltet sich die Straße weniger aufregend. Ein paar Kneipen reihen sich aneinander und eine fliegende orange Kuh markiert den Eingang zur Kunsthof-Passage. Am Alaunplatz endet die Kultstraße vor der Parkanlage, der grünen Oase in der Neustadt, wo sommers Hunderte junge Leute gerne Siesta machen oder sich abends auf Decken strecken.

Die *scheune* bietet Kultur wie den Schaubudensommer und -winter, in *Katys Garage* kann man auch als Ü30 beim »Älternabend« tanzen gehen.

42

In der **Louisenstraße** befindet sich das **ZentralOHRgan**
Louisenstraße 22
01099 Dresden
0351 8010075

Nordbad Dresden
Louisenstraße 48
01099 Dresden
0351 8032360
www.dresdner-baeder.de

Gemeinsamkeiten mit der Nagy Ignác?

Louisenstraße

Schwarzgraue Fassaden. In dunklen Durchgängen riecht es arg. Zweiter Hinterhof, dritter Stock rechts. Eine Zweiraumwohnung ohne Bad und Dusche, mit Kohlenheizung und ungeheiztem Klo mit Dreierkabine im Treppenhaus. Das war das Basislager meiner Eltern in meinem ersten Lebensjahr 1961 auf der Louisenstraße. Längst sind die alten Bürgerhäuser saniert worden, mit Fernwärme und Bädern ausgestattet.

Und noch etwas hat sich verändert. Ich denke zurück an die Sommerferien anno 1982 in der ungarischen Hauptstadt. Es hatte sich auch unter uns Studenten herumgesprochen, dass es in der Budapester Altstadt den winzigen Musikladen *Fonograf* in der Nagy-Ignác-Gasse gab, in den Auslagen Schallplatten aus dem Westen! Ich hatte 400 DDR-Mark gespart (das waren zwei Monatsstipendien) und wollte gerne ein paar Soul- und Funk-Platten meiner Lieblingsbands kaufen. Das Geld reichte genau für vier schwarze Vinylscheiben …

Heute stapfe ich einige Stufen auf der Louisenstraße 22 empor, stehe im *ZentralOHRgan* und staune: Langspielplatten in den Regalen, von Jazz bis Reggae, von Blues bis Pop! Alte, leicht angeknitterte Plattencover stehen neben brandneuen Glanzverpackungen. Offensichtlich erlebt die gute alte Langspielplatte gerade eine Renaissance gegenüber den seelenlosen digitalen Bits.

Beim Weiterschlendern passieren Sie die Alaunstraße und queren die Rothenburger Straße. Rechter Hand liegt im zweiten Hinterhof das Jugendstil-Nordbad. Bis in die 1990er-Jahre fungierte das angeschlossene Hinterhaus als Wannenbad, da kam die komplette Familie zur Körperreinigung anmarschiert. Mit historisch sanierter Schwimmhalle, Sauna und modernem Foyer erfreut sich das Nordbad neuer Beliebtheit. Der Charakter der Louisenstraße wird zu ihrem Ende hin freundlicher. Dicht an dicht reihen sich Cafés aneinander und laden zum Verweilen ein. Das versöhnt mit ihrem schattigen Anfang.

Rundgang an der Königsbrücker Straße beginnen, am Ende die Pulsnitzer Straße rechts zum Lutherplatz einbiegen und die Böhmische Straße retour.

48

Kunsthofpassage Dresden
Görlitzer Straße 21–25
Alaunstraße 70
01099 Dresden
www.kunsthof-dresden.de

MALERISCHE HINTERHÖFE

Kunsthofpassage

Hierbei handelt es sich um fünf zusammenhängende Hinterhöfe, deren Erleben jeden Besucher zu verblüffen versteht. Verrückt, was man aus einst dunklen, unfreundlichen Hinterhöfen machen kann! Die Architektin Heike Böttcher konnte sich mit ihren Plänen zur fantasievollen Fassadenverzierung durchsetzen, die 1999 realisiert wurde. Auffallend sind die Eingangsschilder zu den Höfen: eine fliegende orange Kuh auf hellblauem Untergrund. Am besten, Sie starten an der Alaunstraße.

Bereits im Hausdurchgang sei aufgemerkt: Jugendstilelemente im Treppenhaus! Schon stehen Sie im *Hof der Fabelwesen*. Sgraffito-Malerei und Ornamentfliesen ziehen sich an den Häuserwänden entlang. Der Hof ist eng und schmal. Tritte hallen auf dem Pflaster. Eine Kneipe lädt zum Verweilen ein. Mitten in der Stadt und keine Autogeräusche! Höchstens, dass jemand mal sein kettenklapperndes Fahrrad vorbeischiebt. Diese Höfe scheinen ausschließlich für den Menschen geschaffen worden zu sein.

Ein Durchgang führt in den *Hof des Lichts* mit zwei Stegbühnen und Projektionsflächen, was auf Theatervorstellungen hindeutet. Kleine Läden reizen zum Hineinschauen. Rechts geht es zum *Hof der Metamorphosen*. Rostige Stelen aus Metall berühren die Fassade an einer einzigen Stelle. Glasfaserleitungen umschlingen die Säulen und lassen sie des Nachts leuchten. Angeregt schlendern Sie zum Feng-Shui-Haus in den *Hof der Tiere*, in dem Reliefs mit Giraffen und Kranichen die grünen Putzflächen auflockern. Links geschwenkt geht es in den verrücken *Hof des Wassers*. Ein Gewirr von Fallrohren und Trichtern bestimmt die blaue Hausfassade. Zu bestimmten Zeiten schießt vom Dach Wasser in das System ein, dann entwickelt sich das Rauschen und Plätschern zu einem richtigen Regentheater. Vis-à-vis ist die Hausfarbe in Gelb gehalten. Dutzende goldfarbene Aluminium-Wellbleche reflektieren das Licht und funkeln dezent. Sie können jetzt durch den letzten schönen Hausdurchgang hinausgehen, dann stehen Sie auf der Görlitzer Straße und sind wieder in der »normalen« Neustadt.

Besuchen Sie die Höfe abends, wenn Lampen alles unwirklich illuminieren.

44

Restaurant & Café Saite
Seitenstraße 4b
01097 Dresden
0351 8024452
(Sauna reservieren!)
www.cafe-saite.de

EINE ORIENTALISCHE OASE IM HECHTVIERTEL

Restaurant und Sauna *Saite*

Der Name dieses touristisch eher wenig frequentierten Stadtviertels geht auf das längst abgerissene Gasthaus *Zum Blauen Hecht* im 19. Jahrhundert zurück.

Territorial gesehen schließt sich das Hechtviertel an die Äußere Neustadt in nordwestlicher Richtung an. Am stärksten entfaltet der Stadtteil in der Rudolf-Leonhard-Straße seinen typischen Charakter: hohe Mietshäuser in dichter Bebauung aus der Gründerzeit. Zu DDR-Zeiten verwahrloste das alte Arbeiterviertel zunehmend, geriet in einen jämmerlichen Zustand. Zur politischen Wende war nur noch die Hälfte aller Häuser bewohnt, häufig illegal von Jugendlichen als Hausbesetzer. Seit 1993 wurde großzügig saniert, infolgedessen hat sich die Infrastruktur spürbar verbessert. Geblieben sind Familien mit vielen Kindern und schräge Originale mit wenig Geld, das immer noch gerne in den kultigen Kneipen ausgegeben wird. Was für ein pralles Leben abends in der Leonhard-Straße! Eine Kneipe origineller als die andere: die gemütliche Bar *Tiki im Hecht* mit Bambusgrasdecke und Surfbrettern an den Wänden, die *Capriccios*-Bar, das cubanische Restaurant *Martinez* mit wehender Flagge und am Straßenende *AnTon* mit süffigem Bier aus dem Erzgebirge. Liebevoll saniert wurde der Königsbrücker Platz. Er lädt ebenso zum Verweilen ein wie die im Zweiten Weltkrieg zerschossene St.-Pauli-Ruine, die als Kultur- und Begegnungsstätte fungiert.

Mein Lieblingsplatz im Hechtviertel befindet sich auf der Seitenstraße: die *Saite*. Sie hat sich nicht nur durch Open-Air-Lesungen, mit Liedermachern und Jazz-Combos im Hof einen Namen gemacht, sondern auch durch eine leckere Bio-Küche im gediegenen Gastraum mit massivem Holzmobiliar und insbesondere durch die romantische Sauna im Kellerbereich. Wer es individuell liebt, ist hier genau richtig, denn die kleine wie feine Schwitzoase kann man für sich ganz alleine oder mit Freunden anmieten.

Der Spiel- und Bolzplatz für Kind und Kegel bietet 1.500 Quadratmeter an der Johann-Meyer-Straße – und ist auch für Ballsportarten geeignet!

45

Militärhistorisches Museum
Olbrichtplatz 2
01099 Dresden
0351 82328050
www.mhmbw.de

MIT HAIFISCHZAHN

Militärhistorisches Museum

Als DDR-Armeemuseum eröffnete das ehemalige Arsenalhauptgebäude 1972 neu, stellte die Geschichte der Nationalen Volksarmee und ihrer sozialistischen Bruderarmeen in den Mittelpunkt. Ich entsinne mich an einen Besuch unserer 8. Klasse im Rahmen einer Jugendweihe-Veranstaltung, wo wir 1975 besonders dem Ruhm der siegreichen Sowjetarmee zu huldigen hatten. Als Klassenschreiber hatte ich die ehrenvolle Aufgabe, einen Bericht für unser »Brigadetagebuch« zu formulieren …

Ein Sprung ins Jahr 2001: Damals erfolgte eine Ausschreibung zur Neugestaltung des zentralen Museums der Bundeswehr. Der amerikanische Stararchitekt Daniel Libeskind gewann den Architekturwettbewerb. Drei Jahre später als geplant und fast doppelt so teuer (Gesamtkosten etwa 62 Millionen Euro) konnte der spektakuläre Umbau im Oktober 2011 feierlich neu eröffnet werden. Alle Aufmerksamkeit richtet sich seitdem auf den brachialen Keil. Er durchschneidet und spaltet den Altbau rigoros, wodurch ein Drittel der alten Bausubstanz geopfert werden musste. Die Keilspitze weist exakt auf das Ostragehege, dort, wo am 13. Februar 1945 die Zielmarkierungen für die anfliegenden Bomberverbände der Royal Air Force gesetzt wurden.

Libeskinds Keil hat weitere Sinnebenen – er soll den Bruch zwischen Vergangenheit und Zukunft darstellen. So offenbart die neue Ausstellung vor allem die Wechselbeziehungen zwischen militärischer und ziviler Entwicklung der Menschheit in den entsprechenden Epochen, stellt Kulturgeschichte mit ihrem Gewaltpotenzial in Zusammenhang.

Mindestens genauso spannend wie die Exponate ist das Raumerlebnis im Museum. Die Fahrstühle sind graue Käfige. In den fünf Ebenen gibt es kaum rechte Winkel zwischen den Wänden untereinander. Die Räume laufen spitz zu Dornen aus, wirken aggressiv und gefährlich. Überraschende Sichtachsen stellen Durchblicke zwischen den Raumebenen her. Die Gesamtwirkung des Museums ist alles andere als provinziell. So stellt sich die Gewissheit ein, dass Dresden mit diesem Museum ein Zugpferd in der Museumslandschaft hinzugewonnen hat.

Eine markante Aussicht auf Dresden bietet sich aus der Keilspitze im vierten Stock!

46

Brauhaus am Waldschlösschen
Am Brauhaus 8b
01099 Dresden
0351 6523900
www.waldschloesschen.de

VERPASSTER WELTERBETITEL

Brauhaus am Waldschlösschen

»Oh, what a view!«, könnte die schottische Gemahlin des Grafen Marcolini um 1790 ausgerufen haben, als sie aus dem Jagdhaus des Grafen vom Hügel hinunterblickte. In der Tat gehört der Waldschlösschenblick zu den berühmten Panoramaaussichten Dresdens. Unbebaute Elbwiesen erlauben einen freien Blick auf die Krümmung der Elbe, und die Türme der Stadt bilden in der Ferne eine harmonische Silhouette.

Um 1830 wurde statt schottischem Malt-Whisky im ehemaligen Jagdhaus sächsisches Bier ausgeschenkt. Als Schankwirtschaft betrieben, bekam der Ausschank bereits 1838 im benachbarten Grundstück Konkurrenz im großen Stil: das Brauhaus am Waldschlösschen eröffnete mit breiter Terrasse zur Elbseite und Biergarten. Die Leute kamen in Scharen und das Bier floss in Strömen. Kein Wunder also, dass die Brauerei bis heute zu einem beliebten Ausflugsziel zählt, auch zu DDR-Zeiten als HO-Gaststätte. Seit umfassender Sanierung 2005 erfreut das Restaurant alle Bierfreunde mit deftiger Küche, täglichen kulinarischen Tipps und Live-Musik.

Eine weitere Oase an der Westpforte in einem kleinen Pavillon: das *Minou*. Auf dem übrigen Gelände muss man sich zwischen klotzigen Neubauten hindurchlavieren, um das alte Jagdhaus, das Waldschlösschen, zu finden.

Zum Finale noch einige Worte zur vielgescholtenen Waldschlösschenbrücke. Der »Schwibbogen« hat uns den Verlust des Welterbetitels beschert. Die Maßlosigkeit der Anschlussstelle auf der Waldschlösschenseite mit Tunnel, Asphaltschleifen und eine Unzahl von Fahrspuren lassen partiell Vergleiche mit Los Angeles zu. Über 250 Jahre alte Weiß- und Rotbuchen – aus Graf Marcolinis Zeiten im Englischen Park angelegt – fielen gnadenlos der Kettensäge zum Opfer, ohne Rücksicht auf Proteste der Bevölkerung.

Wenn Sie »frische Pichelhaxe aus dem Rohr« bestellen, entpuppt sich das Ganze als eine knusprige Schweinshaxe mit Biersoße, auf Wunsch auch mit »Renfdl« (Brotkanten).

47

Schloss Albrechtsberg
Bautzner Straße 130
01099 Dresden
0351 8115821
www.schloss-albrechtsberg.de

PREUSSISCHE PRACHT MITTEN IN SACHSEN

Schloss Albrechtsberg

Prinz Albrecht von Preußen (1809–1872) heiratete seine Liebste Rosalie von Hohenau ohne Rücksicht auf Standesdünkel und musste sich einen Wohnsitz außerhalb von Preußen suchen. Seine »Maklerin«, Baronin von Stockhausen, erwarb daher für 16.000 Taler das Areal Findlaters Weinberg mitsamt Landhaus am Loschwitzer Elbhang. Für die enorme Summe von 3,5 Millionen Mark ließ Prinz Albrecht eine beeindruckende Schlossanlage errichten, entworfen und geplant vom Preußischen Landbaumeister Adolf Lohse.

Im Stile römischer Renaissancevillen entstand ein dreigeschossiger Sandsteinpalazzo. Besonders aufwendig wurde die Südseite zur Elbe hin gestaltet. Hunderte Bergleute schufteten an der 35 Meter hohen Sanddüne, um der oberen und unteren Terrasse mit Säulenarkaden und Wasserbecken Fundament zu geben. Prinz Albrecht führte mit seiner Frau und zwei Söhnen ein unauffälliges Leben. Er selber glänzte durch Abwesenheit und liebte lange Reisen, die ihn quer durch Europa bis in den Orient und nach Afrika verschlugen. Nach dem Tod des Ehepaares verkaufte ein Sohn 1925 aufgrund von Spielschulden das Schloss an die Stadt Dresden.

Nach dem Zweiten Weltkrieg nutzte die sowjetische Militärregierung das unversehrte Schloss als Intourist-Hotel. Ab 1951 bis 1990 stand das Schloss als erster Pionierpalast für Spiel- und Bildungszwecke allen Kindern offen, also auch für mich im Zeichenzirkel. Ich mochte die weitläufigen Gänge des Schlosses, die vornehmen Treppen und das türkische Bad, in das wir ab und an hineinlinsen durften, manchmal auch ganz offiziell, wenn zur Märchenstunde geladen wurde. Insofern ist die heutige Nutzung als Jugendkunstschule eine Fortsetzung der Arbeit mit der jungen Generation.

Reizvoll sind zu jeder Jahreszeit die Parkanlagen. Da sich in unmittelbarer Nachbarschaft das Lingnerschloss (Villa Stockhausen) und das Hotel Schloss Eckberg befinden, lässt sich der Spaziergang ohne Weiteres zu einer Dreischlössertour ausdehnen, denn die Parkdurchgänge erlauben die Verbindung von einem Riesengrundstück zum nächsten.

Parkanlage und weitläufige Treppen lohnen einen Spaziergang – die Prunksäle können bei der Konzert- und Kongressgesellschaft übrigens für Bälle und Bankette angemietet werden.

48

Restaurant und Biergarten Lingnerterrassen
Bautzner Straße 132
01099 Dresden
0351 4568510
www.lingnerterrassen.de

BEZAUBERND: ELBBOGEN UND WIESENAUEN

Lingnerschloss und -terrassen

Das Glück schien Karl-August Lingner alles andere als in die Wiege gelegt. Weder war es ihm vergönnt, am Pariser Konservatorium Musik zu studieren, noch hatte er Erfolg als Handelsvertreter. Mittellos kam er 1885 nach Dresden, wo ihm der Freund und Chemiker Richard Seifert den Vertrieb eines neuen Antiseptikums anbot. Mit dem Mundwasser Odol startete Lingner auf ein zweistelliges Millionenvermögen durch. 1906 kaufte er die Villa Stockhausen aus der Portokasse. 1916 stiftete er das Schloss der Stadt Dresden.

Lingner hatte eine Schwäche für Verrücktheiten, was zur Umgestaltung von Schloss und Park führte: eine private Standseilbahn vom Elbufer zur Bergstation am Schloss, eine Orgel im Musiksalon mit Übertragungstechnik ins Telefon, damit Freunde mithören konnten, ein kleiner Zoo im Park. Wohl wissend um die eigene vorzeitige Endlichkeit als Krebsleidender gönnte er sich den Bau eines Mausoleums am Berghang unter der Terrasse.

Der Unternehmer hatte ein großes Herz. 1898 richtete er in Johannstadt eine der ersten Säuglingsstationen auf deutschem Boden ein, 1900 eine Zentralstelle für Zahnhygiene. 1903 gründete er an der Waisenhausstraße die Lesehalle, ein Vorläufer der Städtischen Bibliotheken. Lingner fühlte sich als ein Vorreiter der hygienischen Aufklärung des Volkes und verfasste 1912 die Denkschrift zur Errichtung eines National-Hygiene-Museums in Dresden. Das war zweifelsohne sein größtes soziales Projekt, auch wenn der gewaltige vierflügelige Bau erst 14 Jahre nach seinem Tod 1930 eingeweiht werden konnte.

Das um 1911 von Lingner gegründete Serumwerk gehört heute übrigens zu den weltweit größten Grippeimpfstoff-Herstellern der Welt. Tradition verpflichtet, und so hat sich der Pharmakonzern zu einer Großspende von fünf Millionen Euro zur Sanierung des Lingnerschlosses bereit erklärt. »Odole mio!« jubelte nicht nur der Förderverein, sondern auch der Festumzug des Elbhangfestes 2011 pünktlich zum 150. Geburtstag des großen Gönners.

Eine von Lingners Auflagen bestand in freiem Eintritt für die Öffentlichkeit und preiswertem Angebot, was dem sonntäglichen Brunch in den Lingnerterrassen nicht unbedingt entspricht.

DRESDEN – ERWEITERTES STADTGEBIET

ALOUSIENLADEN
P
itte des 19. Jh. wird der Anger
zum Schillerplatz

49

Schloss Pillnitz
August-Böckstiegel-
Straße 2
01326 Dresden
0351 2613260
www.schlosspillnitz.de

DIE LEICHTIGKEIT DES SEINS

Schloss Pillnitz

Pillnitz liegt etwa zwölf Kilometer südlich des Stadtzentrums, was zu Barockzeiten eine nicht unerhebliche Entfernung darstellte. Carl Gustav Carus beklagte die völlig inkarossablen Sandwege gen Pillnitz, sodass der königliche Leibarzt immer vollkommen derangiert im Schlosshof aus der Kutsche fiel. Ganz anders die Annäherung vom Wasser her: Die Elbe schwingt in sanften Bögen aus der Stadt heraus, bis sich am stillen Ufer wie eine Fata Morgana ein Schlossensemble erhebt: das Wasserpalais von Pillnitz.

Kein anderes Schloss in Sachsen verkörpert so die Sehnsucht nach der Ferne, nach dem Orient, nach China wie Pillnitz. Allerdings beginnt dieser Traum mit einer Katastrophe, als sich 1694 das Wettiner Herrscherhaus den Besitz sichert. Kurfürst Johann Georg schenkt das Gut seiner Mätresse Sybille von Neidschütz. Sie erkrankt an den Blattern, ihr Geliebter infiziert sich, beide sterben. Erst dadurch wird der Weg für den später berühmten jüngeren Bruder frei: August den Starken! In aller Unbescheidenheit legt er einen »großen Plan« vor, der eine Parkfläche von über 100 Hektar umfasst, viermal so groß wie die heutige Anlage. August dem Starken schweben »orientalische Lustgebäude« vor. 1720 entsteht unter Oberlandbaumeister Pöppelmann das Wasserpalais, 1725 spiegelbildlich das Bergpalais. Verspielte Dächer mit viel Schwung, Zierschornsteine ohne praktische Funktion und Fassadenbilder mit heiteren Motiven, sogenannte Chinoiserien, lassen eine Chinamode erkennen, wie sie Baumeistern künftiger Generationen als Vorbild dient.

Inzwischen sind in der zweiten Bauphase Ende des 18. Jahrhunderts die frühklassizistischen Flügelbauten und der Englische Garten entstanden.

In der dritten Bauphase bis 1826 erfolgt unter anderem der Bau des dreiflügligen Fliederhofes. Der Park entwickelt zunehmend botanischen Charakter und wird mit dendrologischen Kostbarkeiten wie der Kamelie bereichert.

Informationen zum Museum und den Besucherservice finden Sie in der Alten Schlosswache.

50

Schlosspark Pillnitz
August-Böckstiegel-Straße 2
01326 Dresden
0351 2613260
www.schlosspillnitz.de

Weinbergkirche Pillnitz
Bergweg 3
01326 Dresden
www.weinbergkirche.de

Ein Park von seltener Vielfalt

Schlosspark Pillnitz

Um den Park in seinem Zauber zu erfassen, wählen Sie die Annäherung von Westen, zu Fuß von Hosterwitz, über eine fast endlos lange Kastanienallee, genau auf eine steinerne Ziervase zu, die den eigentlichen Parkeingang markiert. Sie lustwandeln immer geradeaus, bis sich die Anlage zum weiten Französischen Garten öffnet, eingerahmt von den drei Flügeln des Schlosses: Neues Palais vis-à-vis sowie Berg- und Wasserpalais.

Kein Geringerer als der preußische Gartenarchitekt Peter Joseph Lenné gab die Anregungen zur Gestaltung des Schlossgartens, der nach 1864 in der heutigen Form angelegt wurde. Spazieren Sie am besten zunächst in die bereits erwähnten Heckengärten von Gräfin Cosel. 1707 hatte ihr August der Starke zum Zeichen seiner Gunst Pillnitz geschenkt und die berühmte Mätresse zögerte nicht, Heckenlabyrinthe aus Hainbuchen anzulegen. Nach Queren der Hauptallee gelangen Sie in nördlicher Richtung in eine Gehölzsammlung. Ungewöhnliche Baumexemplare lassen zuweilen Zweifel aufkommen, ob man sich tatsächlich in Europa befindet: Abendländischer Lebensbaum, Scheinzypresse, Persische Eiche, Riesenmammutbaum – der allerdings seinem Namen nicht gerecht wird.

Die dendrologische Kostbarkeit des Parks ist zweifelsohne die Pillnitzer Kamelie. 1801 gepflanzt, hat sie sich zu einem stattlichen Baum entwickelt, der alljährlich im März Zehntausende karminrote Blüten austreibt. Clou ist das fahrbare Glashaus, das im Winter den Baum mittels computergesteuerter Heizung vor Frost schützt.

Nach der Orangerie lässt sich der Spaziergang nach Norden fortsetzen, man schreitet durchs Palmenhaus und gelangt an einem Teich vorbei zum Chinesischen Pavillon. Was für eine gelungene Nachempfindung fernöstlicher Architektur! Gemalte chinesische Landschaften schaffen im Innenraum eine leichte, heitere Atmosphäre bis hin zur »gemalten Luft« im Deckenhimmel. Der Pavillon kann in der Regel nur von außen bewundert werden, es sei denn, Sie haben das Glück, eine der seltenen Sonderführungen in diese Oase der Stille zu erleben.

Was einen Pillnitz-Besuch abrundet, ist ein kurzer Anstieg ins Borsbergmassiv zur künstlichen Ruine und in das urwüchsige Bachtal des Friedrichsgrundes.

51

Carl-Maria-von-Weber-Museum
Dresdner Straße 44
01326 Dresden
0351 2618234
www.museen-dresden.de

DAS GENIE IM KEPPGRUND

Carl-Maria-von-Weber-Museum

Carl Maria von Weber trat mit 31 Jahren im Januar 1817 sein neues Amt als Musikdirektor der deutschen Oper in Dresden an. Mit den ersten Vorstellungen überzeugte er derart, dass er noch im gleichen Jahr zum Kapellmeister auf Lebenszeit geadelt wurde. Der Musiker konnte sich in den zehn fruchtbaren Dresdner Jahren als Komponist, Kapellmeister, Operndramaturg, Regisseur, Musikpädagoge und -kritiker profilieren. Seine Opern und Kantaten belebten die romantischen Sinne der Zeitgenossen.

1821 fand die Uraufführung seiner Oper *Der Freischütz* in Berlin statt. Wenige Monate später wurde die Premiere in Dresden mit großer Resonanz gefeiert. Er gründete einen Opernchor, veränderte die Sitzordnung im Orchester mit dem Ziel höherer Klanggüte und führte zum Dirigieren erstmals den Taktstock ein.

Auf einem Spaziergang im Frühling 1818 verliebten sich der Komponist und seine Frau, die Sängerin Caroline Brandt (1794–1852), in ein kleines Winzerhäuschen bei Pillnitz vor den Toren der Stadt. Fortan verbrachte die Familie die Sommer in dem lauschigen Basislager am Fuße des Borsberges.

In schöpferischen Pausen wanderte Weber gerne in das tief eingeschnittene Kerbtal des Keppgrundes unweit des Winzerhäuschens hinein. Auf fünf Kilometern Länge plätschert und murmelt der Keppbach am Wegesrand entlang und begleitet den Wanderer. Sicherlich ist die Keppmühle häufig Anlauf- und Umkehrpunkt des Musikus gewesen. Sie war bereits im 18. Jahrhundert ein beliebtes Ausflugsziel. Die Gaststätte ist heute leider geschlossen.

Ein anderes Ziel kann die malerisch gelegene Schifferkirche an der Elbe Maria am Wasser gewesen sein. Sie liegt nur 800 Meter südlich des Winzerhäuschens an der Elbaue und bildet mit ihrem kleinen Friedhof ein allerliebstes Kleinod. Nicht nur beim Elbhangfest bildet sie zusammen mit dem Carl-Maria-von-Weber-Museum das Zentrum der Festivitäten in Hosterwitz. Das Winzerhäuschen ist heute das weltweit einzige Museum über Leben und Werk des Komponisten, der 1826 in London an Lungentuberkulose starb.

Kammerkonzerte (im Sommer auch im Garten), literarische Abende und pädagogische Angebote im Museum!

52

Elbhangfest
Letztes Juniwochenende
Loschwitzer Wiesenweg
01326 Dresden

Elbhangfest e.V.
Fidelio-F.-Finke-Straße 7
01326 Dresden
0351 2683832
www.elbhangfest.de

ALLE JAHRE WIEDER BUNTES TREIBEN

Elbhangfest

Verwundert rollt der Lachs mit den Augen. Er kennt die Elbe aus seiner Kindheit, weiß die Sauberkeit des Wassers und klare Unterwassersicht zu schätzen. Und nun, kurz vor dem Ziel in der Sächsischen Schweiz, ein Riesenspektakel! Hunderte Menschen planschen in den Fluten des Flusses – eine Reaktivierung der historischen Badeanstalten. Kopfschüttelnd weicht der Lachs aus und steuert irritiert weiter stromauf, seinem Laichgebiet entgegen.

Das Elbhangfest begeistert alljährlich seit 1991 am letzten Juniwochenende Zehntausende von Dresdnern und Gästen. Wie der Name bereits andeutet, findet es an den Elbhängen zwischen Loschwitz und Pillnitz auf acht Kilometern Länge statt.

Über 300 Veranstaltungen machen das Angebot zur Qual der Wahl. In der Regel ist man nach zweieinhalb Festtagen wie erschlagen vom Trubel. Für mich ist das Elbhangfest die Feierlichkeit, bei der die sächsische Lebensfreude am typischsten und authentischsten zum Ausdruck kommt. Jedes Jahr steht unter einem bestimmten Festmotto, entweder ein lokaler Bezug zu berühmten Persönlichkeiten, historischen Jubiläen oder landschaftliche Bezüge – verpackt in einem sinnigen Reim.

Einen Höhepunkt stellt gleich zu Beginn der Festumzug dar, der am Körnerplatz startet und sich durch ein Spalier von Tausenden Zuschauern bis zum Pillnitzer Schloss bewegt. In dreidimensionalen Bildern wird dabei das Festmotto auf Wägen dargestellt, oft in Begleitung von Instrumenten und Gesang. Nach dem Umzug verteilen sich Fußgänger und Radfahrer in Vorgärten, Parks und Elbwiesen. Viele Anwohner haben ihre Privatgrundstücke geöffnet und laden mit selbstgebackenem Kuchen und Kaffee zum Verweilen ein, bieten teils auch eigene Programmbeiträge. Die Elbe dient zusätzlich als Rennstrecke für das Dresdner Drachenbootrennen, bei dem sich zur Gaudi der Zuschauer die Sportler im Rhythmus des jeweiligen Bootstrommlers verausgaben. Auch diese Aufregung muss der Lachs verkraften!

Achtung, die Wege zwischen den Veranstaltungsorten können recht weit sein. Wohl dem, der ein Fahrrad dabei hat. Oder sich viel Zeit lässt.

53

Skulpturenpavillon Małgorzata Chodakowska am Weingut Klaus Zimmerling
Bergweg 27
01326 Dresden
0172 3434449 (Kunst)
0174 2106812 (Weingut)
www.skulptur-chodakowska.de
www.weingut-zimmerling.de

VERTRÄUMTE KÖRPER IN HOLZ

Skulpturenpavillon Małgorzata Chodakowska am Weingut Klaus Zimmerling

Um romantische Gefühle in uns hervorzurufen, lohnt sich ein Spaziergang aus dem Schlosspark Pillnitz hinaus am Fuße des Borsberges in Richtung der Weinbergkirche. Kein Geringerer als der Zwinger Architekt Daniel Pöppelmann hat dieses Kleinod geschaffen. Wir gehen an der Kirche vorbei, weiter auf dem Sträßlein und passieren hübsche Grundstücke. Nach einem kurzen Anstieg stehen wir vor dem Weingut Zimmerling, unserem Ziel. Es ist ein Komplex aus einem kleinen Garten, Weinausschank und Kunstpavillon – eine richtige Wohlfühloase.

Überall grüßen Bronzeskulpturen von Małgorzata Chodakowska. Vom Dach des Pavillons sprudeln fächerförmige Wasserfontänen aus einem nachdenklich versonnen stehenden Mädchen und bilden luftige Schmetterlingsflügel. Bronzefiguren mit Wasserspielen zu verbinden bildet den Schwerpunkt im Schaffen der Künstlerin. Berühmt ist die Skulpturengruppe aus drei Primaballerinen in graziler Pose: Aus deren Taillen spritzt das Wasser und formt so perlende Röcke um die Körper.

Im ersten Stock des Pavillons sind ausschließlich Skulpturen aus Holz zu bewundern, zumeist schlanke Ballerinen, die in sportlichen Posen eine beeindruckende Körpersprache ausdrücken. In der anmutigen Leichtigkeit von Chodakowskas Schöpfungen spiegeln sich Träume von Schönheit wider, sowohl die der Künstlerin als auch die der Betrachter.

Małgorzata Chodakowska wurde in Łódź geboren, studierte in Warschau an der Akademie für Schöne Künste und in Wien. Beim Wandern in der polnischen Tatra lernte sie ihren späteren Mann Klaus Zimmerling kennen und so wurde Dresden ihre vierte gewichtige Lebensstation. Sie ist es bis heute geblieben – was für ein Glück auch für uns Einheimische …

Nach dem Weingenuss auf dem Rückweg den Aufstieg zum Weinbergweg nicht scheuen: Herrliche Ausblicke über die Weinhänge ins Elbtal belohnen die Mühe!

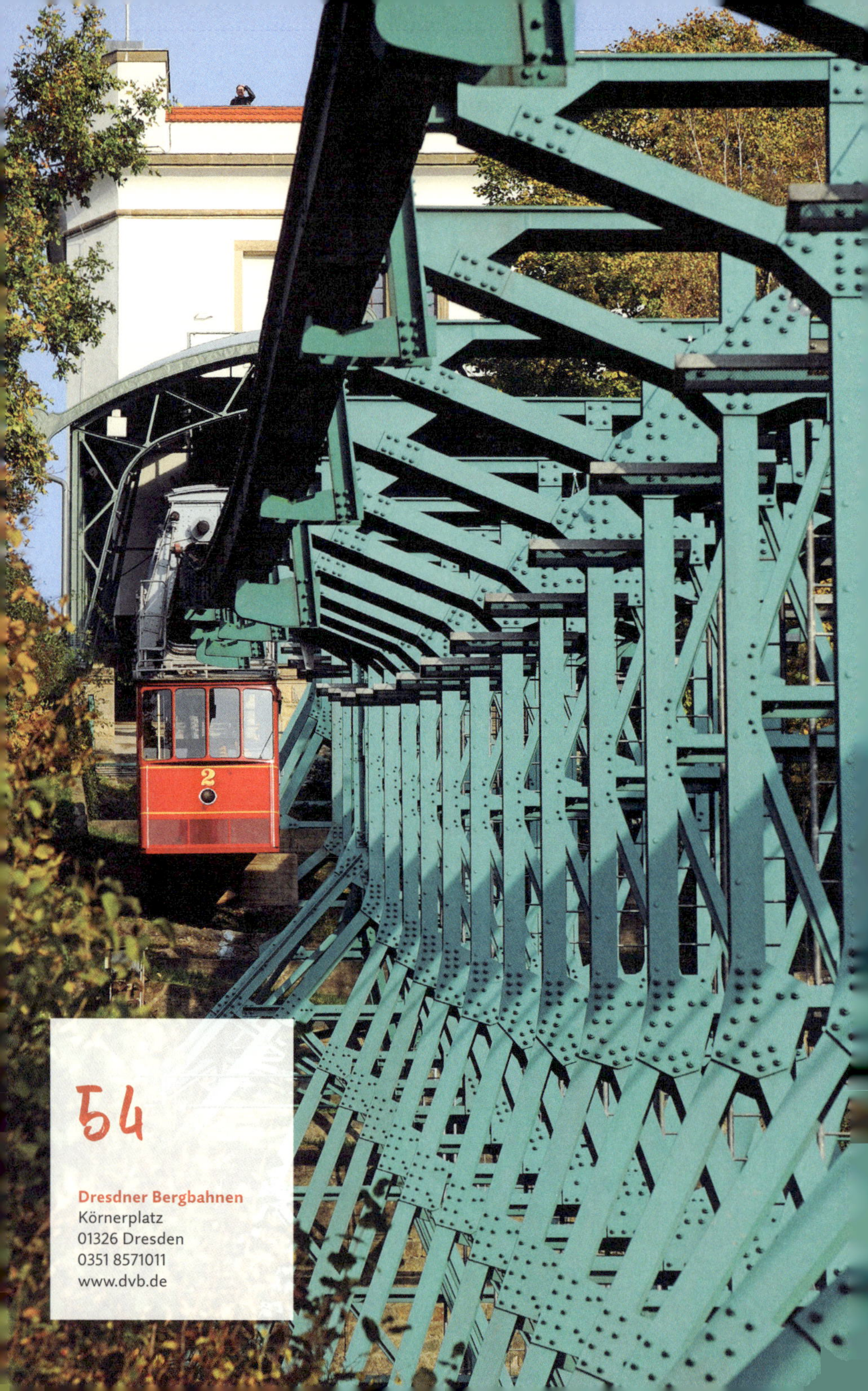

54

Dresdner Bergbahnen
Körnerplatz
01326 Dresden
0351 8571011
www.dvb.de

RAUF UND RUNTER SEIT ÜBER 100 JAHREN

Standseilbahn und Schwebeseilbahn

Ein Sommertag 1975. Mit unseren frisch geputzten Diamant-Sporträdern stehen mein Freund und ich an der Talstation der Standseilbahn. Wir wollen eine Radtour durch die Dresdner Heide unternehmen und die 95 Meter Höhenunterschied elegant mittels Seilbahn überwinden. Allerdings sind wir nicht die Einzigen, die auf diese Idee gekommen sind. Das Fahrradabteil ist überfüllt. Ein Mann regt sich über uns auf: »Gaugummi katschn könnt ihr, aber ordentlich anstellen will gelernt sein!« Endlich sind alle Räder untergebracht. Wir lösen noch die Fahrscheine: zehn Pfennige für die Person und fünf Pfennige für das Fahrrad – aus heutiger Sicht unvorstellbar!

1895 begann der Fahrbetrieb mit einer 138 PS starken Dampfmaschine. Für die anspruchsvolle Trassenlegung mussten extra zwei Tunnel durch den Berg getrieben und ein Viadukt auf hohe Stelzen montiert werden. 1909 wurde auf elektrischen Betrieb umgestellt. Tagein, tagaus zumeist im Viertelstundentakt. Von der Bergstation fallen Sie direkt in die Ausflugsgaststätte Louisenhof oder Sie können durchs Nobelviertel Weißer Hirsch weiterspazieren.

Die Schwebeseilbahn verläuft fast parallel in 200 Meter Entfernung jenseits der Grundstraße. Talstation ist ein repräsentatives Gebäude im Stile venezianischer Renaissance direkt an der Pillnitzer Landstraße. 32 vernietete Stahlstützen tragen die beiden 274 Meter langen Fahrschienen, an denen jeweils ein Waggon an zwei Kragarmen hängt. Obwohl die Trasse nur halb so lang ist wie die ihrer Schwesterbahn, überwindet sie durch doppelte Steigung – maximal 40 Prozent – beinahe den gleichen Höhenunterschied (84 Meter). Die Bergstation hat den Charakter einer Burg. Auf ihr Turmdach gelangen Sie mittels Panoramaaufzug. Von der Aussichtsplattform haben Sie einen weiten Blick über Loschwitz, das Blaue Wunder und Blasewitz bis hin zum Stadtzentrum.

Die Maschinenhäuser an beiden Bergstationen können nach Voranmeldung besichtigt werden.

55

Loschwitzer Elbbrücke
Zwischen Schillerplatz und Körnerplatz
01326 Dresden

BuchHaus Loschwitz
Friedrich-Wieck-Straße 6
01326 Dresden
0351 2685275
www.kulturhaus-loschwitz.de

»Da laatschn mor maa drieber!«

Blaues Wunder

Am besten erlebt man »sein Blaues Wunder«, wenn man Beifahrer ist: Kopf ins Genick nach hinten gekippt und langsam mit Blick nach oben das Bauwerk durchqueren. Ein Wirrwarr von sich kämmenden Stahlträgern, verschnürt wie ein viktorianisches Mieder. Zu jeder Tageszeit und je nach Wetterlage ist es ein anderes Schauspiel des Lichts, von grellen Türkisfarben bei Sonnenlicht über »Dschidschoriengrien« (markanter Grünton) bei Gewitter bis hin zum weißlichen Schimmer bei Nacht durch die LED-Illuminierung.

1891 sah man das anders: Als es um die Planung eines Brückenschlages über die Elbe bei Loschwitz ging, soll das Gezeter um die Verschandelung der Landschaft damals kaum geringer gewesen sein als bei der aktuellen Waldschlösschenbrücke. Kaum zwei Jahre nach dem ersten Spatenstich wurde die 2,25 Millionen Goldmark teure Brücke im Juli 1893 durch König Albert eingeweiht. Seine Rede krönte der einfache Spruch in der Überschrift, der in die Annalen einging. Die Belastungsprobe mit Dutzenden schwerbeladenen Pferdefuhrwerken hatte sie souverän bestanden. Die neue Technik mit genieteten Stahlträgern schien sich zu bewähren, nicht nur beim Pariser Eiffelturm (1889).

1935 wurden die Gehwege auf die Außenseiten der Brücke montiert, um Fahrbahnbreite zu gewinnen. Die heikelste Phase überstand die Brücke am Ende des Zweiten Weltkrieges, als die Wehrmacht vor der anrückenden Roten Armee die Brücke sprengen wollte und mutige Dresdner das Zündkabel rechtzeitig zerschnitten.

Inzwischen ist das Blaue Wunder in die Jahre gekommen. Der Straßenbahnverkehr ist eingestellt, die Tonnage der Lkw wurde beschränkt. Gerne bleiben die Leute in der Strommitte stehen und lassen die Blicke über die weiten unverbauten Elbauen schweifen. Am Brückenkopf auf Loschwitzer Seite führt eine Treppe hinunter ans Elbufer. Das ist eine lauschige Ecke mit Biergarten, der Gaststätte *Körnergarten* und zwei kleinen Lokalitäten: dem Weincafé Clara mit leckeren Speisen und wechselnden Ausstellungen und *Kleinert's Spezialitäten* mit feiner Käse-Ecke und kleiner Freiluftterrasse – sehr zu empfehlen!

Unterhalb des Körnerplatzes auf der Friedrich-Wieck-Straße können Sie ins individuelle *BuchHaus Loschwitz* reingucken.

56

Schillerhäuschen
Schillerstraße 19
01326 Dresden
0351 4887272
www.museen-dresden.de

Café Toscana
Schillerplatz 7
01309 Dresden
0351 3100744
www.cafe-toscana.de

HIER »SCHILLERT'S« OHNE ENDE

Schillerhäuschen und -platz

Als Skulptur ziert Johanne Justine Segedin, genannt Gustel, die Außenfassade des Blasewitzer Rathauses. War es dieser Blick, mit dem sie Friedrich Schiller um den Finger wickelte, sodass er sie in seinem Drama *Wallensteins Lager* als Gustel von Blasewitz verewigte? Was ihre Gunst betrifft, soll Schiller keine Chance gehabt haben. Die kesse Maid bespöttelte gerne seinen schwäbischen Dialekt. Trost fand Schiller beim Bier im Garten an der Elbe, heute als Schillergarten eines der größten Freiluftrestaurants in Dresden.

Der Schillerplatz ist ein lärmiger Verkehrsknotenpunkt. Fußgänger sehen zu, dass sie zwischen den Blechkarossen über die Straße kommen, hasten an der Schiller-Glocke vorüber. Selten dreht jemand eine komplette Runde um das kleine Trafohäuschen, das 2009 von dem Künstler Helmut Zschiesche mit Sprühpistole eindrucksvoll bebildert worden ist.

Friedrich Schiller weilte drei Jahre lang in der Sommerzeit bei seinem Freund und Mäzen Christian Gottfried Körner (1756–1831). Körner war gut betuchter Rat am Oberapellationsgericht und konnte dank einer Erbschaft ein Weinberggrundstück in Loschwitz 1785 käuflich erwerben, in das er seinen Freund mit folgenden Zeilen einlud: »Ein Jahr wenigstens lass mir die Freude, Dich aus der Notwendigkeit des Brotverdienens zu setzen.« Schiller reagierte begeistert, stand seine Entscheidung für ein Dichterleben doch bis dahin auf der Kippe. Schiller bedankte sich bei Körner und bezog ein kleines Gartenhäuschen auf dem Grundstück, wo er an seinem *Don Carlos* arbeitete. Körner blieb er zeitlebens freundschaftlich verbunden und besuchte ihn 1792 und 1801 erneut in Dresden.

Das Schillerhäuschen ist heute das kleinste Museum in Dresden und öffnet für Interessenten gerne seine Pforten. Vis-à-vis vom Gartenhäuschen befindet sich der Schiller-Körner-Brunnen, eingelassen in der Weinbergmauer. Zentrales Thema ist der Abschied. Im linken Relief geben sich Schiller und Körner die Hand, im rechten verabschiedet sich der Sohn Theodor von seiner Familie. Er schloss sich dem Lützowschen Freikorps an und fiel mit 22 Jahren bei Gadebusch.

Ruhe vor dem Verkehrslärm finden Sie im Café Toscana und in der edlen Villa Marie am Brückenkopf des Blauen Wunders.

57

Technische Sammlungen Dresden. Museum für Wissenschaft und Technik
Junghansstraße 1–3
01277 Dresden
0351 4887272
www.tsd.de

WISSENSCHAFT, MEDIENTECHNIK UND CO.

Technische Sammlungen

Wo sich heute die Besucher um die Exponate tummeln, arbeiteten bis kurz nach der politischen Wende Werktätige am Fließband, um die berühmteste Kamera des Ostblocks in Massen zu produzieren: die Praktica. Über neun Millionen Stück wurden seit 1948 fertiggestellt. Zum TU-Diplom 1989 schenkte mir mein Vater das damalige Topmodell BX 20. Es funktioniert bis heute souverän …

Das Museum hat für alle Generationen Interessantes zu bieten. Kinder konzentrieren sich im »Erlebnisland Mathematik«, erproben spielerisch das Experimentierfeld und Möglichkeiten zur Interaktion. Ältere Besucher versenken sich eher in die Exponate aus der 200-jährigen Industriegeschichte Dresdens. In Sachen Feinmechanik und Elektrotechnik offenbaren sich unsere Vorfahren als »fichelante Äggsberddn«, pardon, geschickte Experten!

Einen breiten Platz nehmen die optischen Apparate in der Sammlung ein – passend vereint unter dem Namen »Welt im Kasten«. Wuchtige 35-mm-Filmprojektoren von Ernemann sind ebenso zu bewundern wie 16-mm- und 8-mm-Filmtechnik und natürlich die Praktica in allen Variationen bis hin zum aufgeschnittenen Modell.

Für Kinder dürfte vor allem die Trickfilmabteilung interessant sein. In Dresden gab es zu DDR-Zeiten das DEFA-Trickfilmstudio an der Kesselsdorfer Straße. Dutzende Zeichnerinnen malten in Heimarbeit die Einzelphasenbilder. Puppenspielfiguren und Szenenmodelle geben einen detaillierten Einblick in die aufwendigen Schaffensprozesse.

Neben der Erfolgsausstellung »Erlebnisland Mathematik« setzt das Museum weiter darauf, die Jugend an die Naturwissenschaften heranzuführen. Schülerlabore und eine Energie-Ausstellung »Cool Silicon« zum Thema Energieverbrauch sind entstanden, ebenso ein Schaufenster der Forschung sowie »Das Klima und wir«.

Stummfilmabende mit Klavierbegleitung im Museumskino, projiziert von originalen Ernemann-Projektoren.

58

Panometer Dresden
Gasanstaltstraße 8b
01237 Dresden
0351 48644242
www.panometer-dresden.de

Eine Reise in den Dresdner Barock

Panometer

Was muss es für ein erhabenes Glücksgefühl sein, als Bildkünstler sein Werk auf 2.970 Quadratmetern gestalten zu können? Yadegar Asisi hat sich diesen Traum auf einer Leinwand von 27 Metern Höhe und 108 Metern Länge unter anderem in Dresden verwirklicht. Seit 2006 schmückt das riesige 360-Grad-Panoramagemälde einen alten Gasometer im Stadtteil Reick. Durch eine kurzweilige Ausstellung über die Ära des Barock wird man ins Innere des Gasometers geleitet und steigt auf ein 15 Meter hohes Podest empor. Der Ausblick verschlägt einem die Sprache: Was für eine Rundumsicht vom Turm der Hofkathedrale in der Mitte des 18. Jahrhunderts! Wie dicht die Altstadt mit ihrer verspielten Dachlandschaft bebaut gewesen ist! Die malerischen Schindelstrukturen fotografierte Asisi übrigens in Sibiu (Hermannstadt in Siebenbürgen / Rumänien) und kopierte sie in die Dresdner Altstadt hinein.

In der Schlossgasse herrscht emsiges Treiben bis zum Altmarkt hin, der von der mächtigen Kreuzkirche dominiert wird. Oh, jetzt wird es dunkel, es naht die Nacht. In einen Zyklus von etwa zehn Minuten komprimiert die Technik einen 24-Stunden-Ablauf. Mit einem rötlichen Schimmer kündigt sich die Morgendämmerung auf Dresdens Dächern an. Das gesamte Bild ist eine Mixtur aus klassischer Malweise und elektronischer Bildbearbeitung. Das Panoramabild erfreut die Betrachter mit leuchtenden Farben, erstaunlicher Bildschärfe und Begegnungen markanter Zeitgenossen. So spaziert Friedrich Böttger, der Erfinder des Meißner Porzellans, locker mit Tschirnhaus über den Platz, der Hofmaler Canaletto prüft neue Perspektiven auf die Stadt … Alles wirkt sommerlich heiter, nur im Norden blitzt es am Horizont. Donnergrollen kündigt die nahenden Preußen an: der Siebenjährige Krieg wird Sachsens barocken Glanz beenden!

Es gibt bereits Pläne, auch das benachbarte noch größere Erlwein-Gasometer mit dem Kriegspanorama des zerstörten Dresdens 1945 zu bespannen. Bislang mangelt es an einem Investor, um den riesigen zylindrischen Hohlkörper zu überdachen …

Mit einem Fernglas können Sie besonders viele Details der dargestellten Alltagsszenen entdecken!

59

Volkspark Großer Garten
Zwischen Stübelallee und Tiergartenstraße
01219 Dresden
0351 4456600
www.grosser-garten-dresden.de

Carolaschlösschen
Querallee 7
01219 Dresden
0351 2506000
www.carolaschloesschen.de

ERHOLUNG IM GRÜNEN

Großer Garten

Schon als Kind ist er für mich die Oase auf der Fahrt in die Stadt gewesen: zwei Kilometer ohne Trabi-Gestank durch den Park auf einer schnurgeraden Allee mit bügelglattem Asphalt. Manchmal radelte ich mit der Parkeisenbahn um die Wette. Ich erinnere mich an Gondelfahrten auf dem Carolateich, an Familienausflüge in den Zoo oder später an Rockkonzerte auf der Freilichtbühne, der Jungen Garde. Als Student an der TU mochte ich die weiten Liegewiesen mit alten einzelnen Bäumen, nutzte sie zur Siesta oder zum »Bäbbeln« (Fußballspielen).

All die genannten Freizeitaktivitäten bietet der Große Garten bis heute und wird dazu intensiver denn je genutzt. Er steht unter Denkmalschutz und wird vom Freistaat Sachsen unterhalten. Seine Ursprünge gehen bis ins 16. Jahrhundert zurück, als sich aus einem adeligen Lustgarten ein kurfürstliches Jagdrevier entwickelte. Geometrisch gesehen ist er ein akkurates Rechteck von zwei mal einem Kilometer. Im Zentrum des Parks thront seit 1683 ein riesiger barocker Prachtbau – das Palais, flankiert von acht hübschen Kavaliershäuschen. August der Starke nutzte das Palais für rauschende Feste, Bälle und Feuerwerke im Garten, dabei dürften die Kavaliershäuschen amourösen Besuches sicher gewesen sein.

Heute wird das Palais mit seinem morbiden Charme im Inneren einerseits als Depot für Dutzende etwas abgebröckelte Originalskulpturen von Permoser und anderen genutzt, andererseits zu Sonderausstellungen von Frühlingsblumenschauen bis zu Konzerten.

Zweimal in seiner Geschichte ist der Große Garten mit all seinen Gebäuden komplett zerstört worden – im Siebenjährigen Krieg und im Zweiten Weltkrieg. 1873 erfolgte die Umwandlung in einen Erholungspark. 1889 begann die Einrichtung eines Botanischen Gartens auf drei Hektar Fläche an der Seite zur Stübelallee, den die TU zu Forschungszwecken bis heute unterhält.

1926 wurde der Mosaikbrunnen von Hans Poelzig eingeweiht. Da ruhe ich mich gerne aus, kann allerdings von da leider nicht den radelnden Teenies zusehen, wie sie mit der Parkeisenbahn um jeden Meter kämpfen.

Als Abstecher bietet sich das Restaurant *Carolaschlösschen* an (Biergarten am See) – oder mit Kindern der Zoologische Garten.

60

Bürgerwiese
Zwischen St. Petersburger
Straße und Lennéstraße
01069 Dresden

Deutsches Hygiene-Museum
Lingnerplatz 1
01069 Dresden
0351 4846400
www.dhmd.de

EINST VIEHWEIDE HEUTE LANDSCHAFTSPARK

Bürgerwiese

Drei Grazien, halbnackt und gülden schimmernd, tanzen Hand in Hand im Kreis. Ihre hauchdünnen Kleider betonen die Körper mehr, als sie zu verhüllen. Die Mädchen wirken beim Tanzen ganz in sich versunken. Klar, bei der Musik kein Wunder. »Mozart« ist auf dem Sockel des Denkmals in der Mitte zu lesen. Den 1.600 Mitgliedern des Mozart-Vereins war es ein Bedürfnis, den begnadeten Komponisten mit diesem Monument in Dresden zu ehren, das 1907 als Mozartdenkmal aufgestellt wurde.

Heute umfasst die grüne Oase mitten in der Stadt etwa zehn Hektar und erstreckt sich unweit des Rathauses zwischen der Petersburger Straße bis hin zum Großen Garten in einem schmalen Gürtel von kaum 100 Metern Breite. Mit der Entfestigung der Stadt Anfang des 19. Jahrhunderts kam der Verschönerungsgedanke zu einer Parkanlage zum Tragen. Kein Geringerer als der berühmte Landschaftsarchitekt Peter Joseph Lenné legte einen endgültigen Entwurf vor. 1869 war der erste Stadtpark von Dresden vollendet. In den knapp 150 Jahren, die seitdem vergangen sind, entwickelten sich die einstigen Setzlinge zu mächtigen Baumriesen und entfalten beeindruckende Wirkung. Schade, dass auch ein Gartenbaumeister wie Lenné nie seine Ideen in voller Pracht erleben kann, dazu ist ein Menschenleben einfach zu kurz …

1932 konnte mit der Verbindung zum Blüherpark gen Norden eine Fortsetzung zum Hygiene-Museum hergestellt werden. Gen Osten zum Großen Garten führt der schönere Weg, ein kurven- und abwechslungsreicher Pfad. Mal geht er durch finsteres Dickicht, dann führt er am Teich vorbei, eröffnet weite Blicke auf Lichtungen mit vereinzelten Bäumen. Immer wieder überraschen Statuen und Plastiken am Wegesrand. Am stärksten wirkt die dunkle Bronzegruppe *Zwei Mütter* (1902) von Heinrich Epler, eine Skulptur von verstörender Wucht. Dargestellt sind eine Frau und eine Löwin in dramatischer Pose, die gegen hochschlagende Wellen um ihre Babys kämpfen. Krasser kann der Kontrast zum lieblichen Mozartbrunnen nicht sein.

Spazieren Sie im Anschluss gleich weiter zum Großen Garten oder biegen zum Deutschen Hygiene-Museum ab.

61

Trinitatisfriedhof
Fiedlerstraße 1
01307 Dresden
www.johannisfriedhof-dresden.de

EINER VON 58 STILLEN ORTEN

Trinitatisfriedhof

Beim Schlendern über Friedhöfe drängt sich die Frage nach der Zeit auf, die einem das Leben auf diesem Planeten stellt. Beim Blick auf die Grabsteine erschrecke ich immer wieder, wie kurz ein Menschenleben ist und wie lange man tot ist. Wie formulieren die Nierentische, eine Dresdner Kultband, in einem ihrer Lieder: »Mal läuft die Zeit mit uns ab, mal gegen uns, und irgendwann läuft sie ohne uns ab …« Das sollte uns zu denken geben.

Der Friedhofsgründung vorausgegangen war der letzte Sieg Napoleons auf deutschem Boden gegen die verbündeten russischen, österreichischen und preußischen Armeen. In der Schlacht um Dresden im August 1813 verloren 25.000 Soldaten ihr Leben.

Sowohl die Überfüllung der vorhandenen Friedhöfe als auch die Ausbreitung von Typhus führte zur Planung dieser neuen Friedhofsanlage durch Thormeyer. Aus Kostenersparnisgründen wurde auf seinen geplanten Tempelbau verzichtet, nur eine Baumallee fand aus dem ursprünglichen Plan Umsetzung. 1816 konnte der Trinitatisfriedhof eröffnet werden.

Bedeutende Persönlichkeiten liegen hier begraben: der Bildhauer Ernst Rietschel, die Sängerin Karoline Jagemann, der Musiker Friedrich Wieck … Auch Caspar David Friedrich (1774–1840) und Carl Gustav Carus (1789–1869), die lange befreundet waren, haben auf dem Friedhof ihre letzte Ruhestätte gefunden. Carl Gustav Carus gilt als Begründer der Medizinischen Akademie und Maler der Romantik. Sein Schicksal ist mir insbesondere durch den Roman *Der Leibarzt* von Ralf Günther nahegegangen. Das Buch ist 2001 erschienen und erzeugte eine kontroverse Diskussion mit Historikern, wie weit man als Schriftsteller gehen darf, eine anerkannte sächsische Persönlichkeit aus der Geschichte literarisch frei zu gestalten.

Ein Grab ist wie die Zusammenfassung eines Menschenlebens. Man steht davor, und es ist, als ob Geschichten aus der Erde emporflattern, die diesen Menschen in der Erinnerung wieder lebendig machen können. Das ist es, was bleibt, und … das Werk.

Passend zum Thema bietet sich ein Rundgang um die benachbarte malerische Ruine der Trinitatiskirche an.

62

Kaditzer Linde bei der **Emmauskirche**
Altkaditz
01139 Dresden
0351 853210 für Besichtigungen (Förderverein)
www.laurentius-dresden.de

DER ÄLTESTE BAUM DRESDENS

Kaditzer Linde

Bäume haben mich schon immer fasziniert. Je älter sie sind, desto mehr strahlen sie aus: Ruhe, Gelassenheit, Bodenständigkeit, Erdung und Energie. Es bräuchte mindestens acht Leute, um die Kaditzer Linde in ihrem Umfang von zwölf Metern zu umspannen. Was für ein Methusalem seiner Art! Die Sommerlinde ist ungefähr seit tausend Jahren eingewurzelt und hat viele Generationen von Menschen kommen und gehen sehen. Schade, dass sie nicht sprechen kann. Als Zeitzeugin würde sie Historiker begeistern!

Möglicherweise ist die Linde von Slawen gepflanzt worden, die im 9. Jahrhundert Dörfer zwischen Elbe und den Lößnitzbergen gründeten und besiedelten. Die Linde wuchs und gedieh prächtig. Bei kräftigem Ostwind segelten ihre Blätter im Herbst schon mal bis in die Elbe, die in 100 Metern Entfernung sanft dahinströmte. Unsanfte Zeiten brachten nicht nur die rauen Herbststürme mit sich.

Im Mittelalter wurde der Baum als Pranger genutzt, wie eingeschlagene Eisen im Stamm beweisen. Von außen ist das Metall inzwischen unsichtbar, von der Rinde zugewachsen, man müsste mit Magneten auf Ortung gehen. Im 13. Jahrhundert zogen bewaffnete Reiter am Baum vorbei. Es waren fremde rundliche Gesichter, Kundschafter des berüchtigten Mongolenheeres, das Ungarn verwüstete. Glück für Sachsen, dass es bei den berittenen krummbeinigen Boten blieb, die Meißen eine Visite abstatteten. Im Laufe der nächsten Jahrhunderte jagten Hussiten an der Linde vorbei, lagerten Schweden während des Dreißigjährigen Krieges im Schatten des mächtigen Baumes, zogen Truppen Napoleons 1812 durch das Dorf. Nichts und niemand schien der Linde etwas anhaben zu können. Gegen Blitz und Feuer war sie jedoch machtlos. 1818 setzte ihr ein Dorfbrand schwer zu. Kurz darauf splitterten Blitze den Baum in mehrere Teilstämme auf. Es sind ehemalige Wurzeln, die dem heutigen Stammrest Stabilität verleihen. Der untere Stammbereich sieht aus wie die Skulptur eines verwegenen Künstlergehirns. Löcher gestatten Durchblicke zu den wenige Meter entfernten Bronzetafeln an der Emmauskirche und zum Ehrenmal für die in den zwei Weltkriegen gefallenen Soldaten.

Eine Besichtigung der Emmauskirche, des Turmes und des Friedhofes runden den Besuch bei der Linde ab.

RADEBEUL –
DAS »SÄCHSISCHE NIZZA«

WILLKOMMEN IM »SÄCHSISCHEN NIZZA«

Vor den Toren Dresdens

Radebeul als eigenständige Stadt schließt sich in nordwestlicher Richtung an Dresden an und beginnt hinter der Autobahn A4, kaum sieben Kilometer von Dresdens Mitte entfernt. Radebeul dehnt sich längs der Elbe auf acht Kilometern Länge und drei Kilometern Breite vom Elbufer bis zu den Ortsteilen auf der Lößnitzhöhe aus. 34.000 Menschen leben in Radebeul, das sich zwar als Stadt bezeichnet, kurioserweise jedoch keinen zentralen Marktplatz aufzuweisen hat.

Genau genommen existieren zehn Marktplätze, was mit der Eingemeindung von zehn einzelnen Dörfern zusammenhängt: Zitzschewig, Naundorf, Lindenau, Niederlößnitz, Oberlößnitz, Kötzschenbroda, Fürstenhain, Serkowitz, Radebeul und Wahnsdorf. 1935 wurde dieser Prozess des Zusammenschlusses vollendet.

Für die Gartenstadt Radebeul ist eine lang gestreckte Landhausbebauung charakteristisch, deren Gründung auf den Zeitraum 1850–1900 zurückgeht. Parkähnliche Grundstücke von großzügiger Dimension, Privatgärten, Waldstücke und freie Elbwiesen prägen das Bild. Öffentliche Parkanlagen gibt es leider kaum. So bleibt dem neugierigen Flaneur oft nur der sehnsüchtige Blick über Steinmauern oder durch verzierte schmiedeeiserne Zäune. Das gehobene Bürgertum bevorzugte das Leben in palastartigen Villen mit Dienerschaft und Chauffeur. Reiche Bankiers, Industrielle, Rentner und Pensionäre siedelten sich vor den Toren Dresdens in der beschaulichen Lößnitz an. Eine Vielzahl von eleganten Wohnrefugien entstand auf Grundstücken, die zumeist zwischen 2.000 und 8.000 Quadratmetern hochherrschaftlichen Platz boten. Originelle Architektur ist eher selten anzutreffen. Die muntere Bautätigkeit kam erst 1939 mit Beginn des Zweiten Weltkrieges zum Erliegen.

Radebeul hatte das Glück, vom Bombenhagel auf Dresden 1945 verschont worden zu sein. Kriegsschäden waren nur in vergleichsweise geringem Umfang zu verzeichnen. Schlimmer wirkten sich die anschließenden 45 Jahre sozialistische Planwirtschaft auf die Bausubstanz aus. Stetiger Verfall kennzeichnete die Gesamtsituation. Erst nach der Wende setzte ein aktiver Schub der Werterhaltung ein. Im Zuge der Steuerabschreibung Ost nutzten gut betuchte Bürger aus den alten Bundesländern die günstigen Bedingungen zum Erwerb von Immobilien in Radebeul und ließen sie aufwendig restaurieren. Es sind diese detailgetreu sanierten Landhäuser, Weingüter und Villenensemble, die uns heute mit dem Charme verflossener Zeiten die Sinne umschmeicheln. Beim Spazierengehen fühlt sich das an wie ein Streifzug durch längst vergangene Jahrhunderte.

Im 11. Jahrhundert eroberten deutsche Kolonisten das Gebiet an der Elbe. Freie Bauern aus dem heutigen Franken, Thüringen und Niedersachsen bauten vorhandene Weiler aus noch früherer Slawenbesiedlung nach ihren Bedürfnissen um, und so entstanden frühfeudale Dorfbilder, die bis heute in ihren Strukturen erkennbar geblieben sind (Altkötzschenbroda, Serkowitz …). Die Natur verwöhnte die Siedler mit mildem Klima, saftigen Auenwiesen und einer fischreichen Elbe. Sie diente beizeiten als Transportweg, nicht nur für den holden Saft der Trauben. Während des 15. und 16. Jahrhunderts erreichte der Weinanbau seinen Zenit. Die bis heute kultivierten Terrassen verbesserten das Gedeihen der Rebstöcke, bevor Faktoren wie Kriege sowie Konkurrenz durch Weinimporte und Bier den allmählichen Rückgang einleiteten. Die Gerste sagte der Traube erfolgreich den Kampf an! Im 19. Jahrhundert besiegelten der Einfall von Reblaus und Mehltau den Niedergang und katastrophalen Einbruch des sächsischen Weinanbaus. 1897 gingen allein 77.000 Weinstöcke ein. Resistente Weinsorten aus Amerika haben inzwischen für eine Neubelebung gesorgt. Die Weinerträge haben sich erholt und stabilisiert, sie liegen heute um 45 Liter pro Hektar. Die Sonne hat es den Weinbauern im nördlichsten Weinanbaugebiet Europas nie leicht gemacht. Wegen der geringen Ausdehnung des Radebeuler und Meißner Weinanbaugebietes haben die Weine ihren Preis. Klein, aber fein!

Städtebaulich erscheint die Siedlungsstruktur Radebeuls in der Gegenwart wenig überzeugend. Zwei Verkehrsadern, die Eisenbahnstrecke Dresden–Leipzig und die arg blechlawinendurchrüttelte Ausfallstraße von Dresden gen Meißen, durchsägen die schöne parkähnliche Landschaft, die durch Autohäuser und Gewerbeparks ohnehin an architektonischer Homogenität gelitten hat. Einigermaßen harmonisch wurden hingegen diverse exklusive Wohnanlagen und Altersresidenzen als Neubauten ins Stadtbild eingepasst. Die Bildung von Stadtzentren ist am ehesten in der Bahnhofstraße in Radebeul-West und in der Hauptstraße in Radebeul-Ost zu beobachten. Allerdings offenbaren sie eher den Charakter von Geschäftsstraßen, ein städtebauliches Rückgrat ist keinesfalls zu erkennen. Bestenfalls tragen sie keimende Ansätze dazu. Der Entwicklungsweg scheint noch sehr lang zu sein …

68

Hotel Villa Sorgenfrei & Restaurant Atelier Sanssouci
Augustusweg 48
01445 Radebeul
0351 7956660
www.hotel-villa-sorgenfrei.de

Ein barockes Juwel zum Träumen

Hotel Villa Sorgenfrei

Sie lustwandeln nichts ahnend über den Augustusweg. Ihnen fallen einige hübsche Villen auf, direkt am Straßenrand oder etwas zurückgesetzt in großzügigen Grundstücken. Einige kleine Häuschen und ein modernes Schulgebäude aus Glas weisen auf DDR-Baustil hin. Auf einmal fällt Ihnen ein kleines Blechschild mit dem Piktogramm eines Schlösschens auf. Sie schwenken ins Grundstück und sind in einer anderen Welt. Eine Lindenallee führt Sie auf das Herrenhaus zu – ein märchenhaftes Kleinod!

Zwischen 1783 und 1789 ließ der Dresdner Bankier Freiherr von Gregory das Ensemble im spätbarocken sogenannten Dresdner Zopfstil errichten. Neben dem Herrenhaus lädt ein Gartensaal mit hohen Fenstern zum Dinieren ein.

Zu DDR-Zeiten lebten mehrere Familien in Einzelwohnungen im Herrenhaus. Der Gartensaal wurde als Werkstatt zur Miederwarenherstellung zweckentfremdet. Bis zur Wende 1989 verlotterte die Bausubstanz zunehmend. Es ist einem Glücksumstand zu verdanken, dass Anfang der 1990er-Jahre ein Ehepaar aus Stuttgart des halbzugewucherten Grundstücks ansichtig wurde. Die beiden stolperten durch den verwilderten Park, erkannten Einfassungen von Wasserbecken unter Unkraut, entdeckten den abgeschlagenen Kopf einer Sphinx im Erdbeerbeet. Die Familie verliebte sich augenblicklich in das verwunschene Schlösschen und erweckte es aus seinem Dornröschenschlaf.

Fünf Jahre steckten die beiden Architekten viel Geld und Idealismus in das Projekt. Die Stadt Radebeul vergab im Jahre 2000 als Lohn und Dank den Bauherrenpreis für die Rekonstruktion, die teilweise so behutsam war, dass man sie ihr gar nicht ansah.

Das im gleichen Jahr eröffnete kleine Hotel mit Gourmetrestaurant erfreute sich rasch wachsender Beliebtheit. Es nützte nichts, die Besitzer mussten in Konkurs gehen. Der Name des Hauses schien seine Sanierer zu verspotten. Aus »Sorgenfrei« wurden Sorgen ohne Happy End. 2005 ersteigerte ein adliger Unterfranke das Anwesen aus der Konkursmasse. Er betreibt das Hotel seitdem munter weiter.

Wenn Sie Ihrer Geliebten einen Heiratsantrag in Sachsen machen wollen, tun Sie es hier!

64

Stiftung Hoflößnitz
Knohllweg 37
01445 Radebeul
0351 8398333
www.hofloessnitz.de

LEBENDIGE WEINKULTUR

Weingut Hoflößnitz

Es ist ein lauschiger Ort, zurückgehoben um Jahrhunderte, entrückt dem Alltag und seiner Sorgen. Das Gesamtensemble schmiegt sich in einen Weinberg und ist nur über Fußwege oder Treppen erreichbar. Kein Auto stört die ausgefahrenen Sinnesantennen für Romantik. Auf einem kleinen Plateau haben sich einige sehr unterschiedliche Gebäude versammelt, rahmen den Platz ein, der mit Wiesengrün und einem 100-jährigen Kastanienhain zum Verweilen einlädt.

Es handelt sich zugegebenermaßen weniger um ein Schloss im üblichen Sinne als vielmehr um ein repräsentatives Herrenhaus. Seine Historie reicht bis ins 15. Jahrhundert zurück. Fast 500 Jahre bildete die Hoflößnitz das Zentrum wettinischer Weinentwicklung. Die Hoflößnitz ist auch ein Ort kurfürstlicher Lustbarkeiten des sächsischen Hofes gewesen, diente ihm zum »heiteren Aufenthalt« auf dem Wege zum Jagdschloss Moritzburg oder zum Feiern der Weinlese.

Mit dem Niedergang des Weinanbaus Ende des 19. Jahrhunderts zogen sich die Wettiner aus dem Weingut zurück. Heute gehört das denkmalgeschützte Ensemble einer Stiftung und beherbergt ein Museum für Weinbaugeschichte und ein Öko-Weingut mit Gästehaus. Höhepunkt und Blickfang der Anlage ist das um 1650 erbaute Berghaus mit Fachwerk und Treppenturm. Im Obergeschoss kann man unverfälschte Innenarchitektur im stilistischen Übergang zwischen Manierismus und Barock bewundern. Prunkstück ist der Festsaal mit 80 Deckenbildern brasilianischer Vögel, eine tropische Kulisse für Kulturveranstaltungen unterschiedlichster Art.

Sichtachsen zwischen den Gebäuden gestatten Durchblicke auf den berühmten Weinberg Goldener Wagen, an dem die Spitzhaustreppe vorbeiführt, hinauf auf den Berg zum Aussichtspunkt Bismarckturm und zum Bergrestaurant Spitzhaus.

Ein weiteres Kleinod auf dem Gelände der Hoflößnitz: Direkt vor dem Berghaus gibt es eine historische Weinpresse mit dicken Gewindespindeln aus Holz und mächtigen Querbalken.

Im Weinausschank können Sie einen edlen Meißner Tropfen genießen. Kinder werden sich eher für den liebevoll gestalteten Spielplatz seitlich am Kastanienhain interessieren.

65

Spitzhaustreppe
Am Goldenen Wagen
01445 Radebeul
www.treppenmarathon.de

Panorama-Restaurant Spitzhaus
Spitzhausstraße 36
01445 Radebeul
0351 8309305
www.spitzhaus-radebeul.de

FAST DER MOUNT EVEREST

Spitzhaustreppe und Spitzhaus

Die politische Wende kam gerade noch rechtzeitig. Bevor die Treppe baupolizeilich gesperrt werden musste, konnte sie mittels Fördergeldern Anfang der 1990er-Jahre aufwendig saniert werden. Die Treppe wurde vor 300 Jahren von Matthäus Daniel Pöppelmann geplant und überwindet auf 397 Stufen 76 Höhenmeter. Schnurgerade führt sie vom Goldenen Wagen, einem historischen Steintor und Weinberg, nach oben. Das anfangs nicht einsehbare Ende markiert der Muschelpavillon mit sinnigen Weinsprüchen.

Die Frage nach dem Mount Everest erklärt sich aus dem Sportsgeist einiger Radebeuler Enthusiasten, die im Jahre 2005 auf die Idee kamen, einen hochkarätigen Wettkampf zu organisieren. Bei genauer Messung ergab nämlich die Höhendifferenz zwischen Startpunkt am Goldenen Wagen und Ziel am Bismarckturm genau 88,48 Meter. Was lag näher, als ein Bergrennen mit hundertmaligem Treppauf und -ab ins Leben zu rufen? Vom Meeresspiegel zum höchsten Berg unserer Erde hinauf und wieder hinunter – das entspricht exakt zweimal 39.700 Stufen der Spitzhaustreppe. Einmal in jedem Jahr um Ostern treffen sich mit steigender Resonanz Extremsportler, um den Mount Everest inmitten sächsischer Rebstöcke zu erklimmen. Spitzensportler schaffen die 100 Auf- und Abstiege in etwa 16 Stunden. Es handelt sich um einen der härtesten Treppenmarathons der Welt. Die entschärfte Möglichkeit bietet eine Dreierstaffel oder noch entspannter eine Hunderter-Mannschaft, in der jeder nur einmal hoch- und wieder hinuntersteigen muss.

Nur wenige Schritte vom Bismarckturm entfernt stoßen Sie auf die Ausflugsgaststätte *Spitzhaus*. Im Sommer bietet sich ein erfrischendes Radler im Biergarten an, in der kalten Jahreszeit serviert das Restaurant in angenehmem Ambiente erlesene Speisen.

In jedem Fall hören Sie aus dem Tal den Pfiff der Kleinbahn Lößnitzdackel heraufgellen. Besonders reizvoll gestaltet sich der Aufstieg abends in der blauen Stunde oder bei vollkommener Dunkelheit, wenn die Laternen die Treppe wie eine Perlenschnur illuminieren.

Interessante Abstiegsvariante ins Tal retour über den Eggersweg, beginnend hinterm Spitzhaus.

66

Bilz-Kurhotel im Lößnitzgrund
Lößnitzgrundstraße 101–103
01468 Moritzburg
0351 8387777 (Pension)
0351 8386329 (Kurhaus)
www.bilz-kurhotel.de
www.bilz-naturheil.de

VOLKSTÜMLICHE NATURHEILKUNDE

Bilz-Kurhotel im Lößnitzgrund

Seit über 100 Jahren ist die Undosa-Wellenmaschine im Bilz-Licht-Luft-Bad in Betrieb und erfreut sich bei jeder neuen Kindergeneration großer Beliebtheit. Auch ich sehe mich in frühen Kindheitserinnerungen gischtumtost gegen gewaltige Wellen kämpfen. Nur selten fuhr unsere Familie an sommerlichen Tagen nach Radebeul ins versteckt liegende Freibad in den Lößnitzgrund. So blieb das Wellenbad immer ein besonderer Höhepunkt.

Der Gründer der Bäder in Moritzburg Eduard Bilz wurde 1842 geboren, absolvierte eine Weberlehre und ließ sich 1860 in Meerane nieder, wo er in einer Fabrik arbeitete. Magenkrämpfe und Lungenleiden vergällten ihm das irdische Dasein. Bilz wurde Mitglied in dem neu gegründeten Verein für Gesundheitspflege und Naturheilkunde. Er verfasste 1882 sein Erstlingswerk: *Das menschliche Lebensglück*. Angespornt von seinem Mäzen Johann von Zimmermann brachte 1888 sein *Nachschlagebuch für Jedermann an gesunden und kranken Tagen* den Durchbruch.

Mit einfachen Worten gelang es Eduard Bilz, komplexe medizinische Zusammenhänge allgemeinverständlich zu formulieren. 1892 konnte Bilz sein erstes Sanatorium in der Oberlößnitz am Albertsberg eröffnen. Der überwältigende Zustrom von Patienten gestattete bald weitere Investitionen. Kur- und Badehäuser sowie Parkanlagen erweiterten bis zur Jahrhundertwende das Bilz-Sanatorium. Heute ist es eine noble Wohnanlage, die nur von außen beäugt werden darf.

Die Holzbalkone sind erhalten und gut einsehbar. Es gibt eine Anekdote, nach der im Winter eine neue Angestellte Eduard Bilz frühmorgens wecken sollte. Als sie nach vergeblichem Klopfen das Zimmer betrat, verschlug es ihr die Sprache. Das Bett war unberührt. Bilz schlief auf dem Balkon trotz Raureif auf der Holzbrüstung!

Im Lößnitzgrund wird das geistige Erbe von Eduard Bilz bis heute im Fasten- und Naturheilkundezentrum hochgehalten. 1922 starb Eduard Bilz zehn Jahre nach seinem langjährigen Freund Karl May, an dessen Seite er bis heute ewigen Schlaf hält.

Etwas Bilz für Sie: »Gymnastik an frischer Luft, gesund ernähren und nicht mehr als drei Stunden am Tag arbeiten bei gleicher Entlohnung für alle!«

67

Lößnitzgrundbahn
Am Bahnhof 1
01468 Moritzburg
035207 89290
www.loessnitzgrundbahn.de

DAMPFLOK ZUM DAHINSCHMELZEN

Schmalspurbahn Lößnitzdackel

Ein in Tonstufen nuancierter gellender Pfiff schallt über das beschauliche Radebeul. Zweimal kurz – einmal lang. Aha, heute ist Charlie auf der Lok. Jeder Lokführer hat seine eigene »Erkennungsmelodie«. Sieben Jahre habe ich in Radebeul-Ost gelebt und machte mir einen Jux daraus, das Pfeifen nachzuahmen und brachte bald ein perfektes Echo zustande. Tja, wenn es den Beruf des Dampflokpfeifenimitators gäbe …

Im September 1884 schnaufte zum ersten Mal ein Festzug die 16,5 Kilometer lange Strecke von Radebeul-Ost durch den Lößnitzgrund und entlang der Moritzburger Teiche bis zur Zillestadt Radeburg. Malerisch hörten sich die Stationen an: Weißes Roß, Lößnitzgrund, Friedewald, Dippelsdorfer Teich (Strandbad) und Moritzburg. So war es kein Wunder, dass die Strecke auch für den Ausflugsverkehr genutzt wurde, zumal ab 1905 mit dem Bilz-Bad eine echte Sommerattraktion hinzukam, die Erholungssuchende aus Dresden anlockte.

Zu DDR-Zeiten stand es zeitweise schlecht um den Schmalspurbahn-Zugverkehr. 1964 beschloss der Ministerrat die Stilllegung bis 1975. Glück für den Lößnitzdackel war die Existenz einiger volkseigener Großbetriebe in Radeburg, die auf den Gütertransport per Schiene angewiesen waren, was der Kleinbahn das Leben rettete. In den 1970er-Jahren erfolgte ein Umdenken. Ein Traditionszug wurde liebevoll hergerichtet. Höhepunkt war 1984 die Eisenbahnausstellung zur 100-Jahr-Feier mit über 50.000 Besuchern.

Nach der politischen Wende 1989 kam es zu einschneidenden Veränderungen. Die Betriebe in Radeburg brachen zusammen, der Güterverkehr auf den Schmalspurschienen kam zum Erliegen. Einige Jahre stand die Stilllegung zur Diskussion. Wieder war dem Lößnitzdackel das Schicksal gnädig. Ein Konzept für die Nutzung im Alltag mit kürzerer Taktung ging auf. Schüler und Berufspendler nehmen gern die Kleinbahn, die bis heute an Werktagen im Zweistundentakt verkehrt.

An schönen Ferientagen sichert zeitiges Kommen einen guten Sitzplatz, wenn Sie Glück haben, auch im offenen Cabrio-Sonderwagen!

68

Karl-May-Museum
Karl-May-Straße 5
01445 Radebeul
0351 8373010
www.karl-may-museum.de
www.karl-may-fest.de

Sein Geist ist in Radebeul gegenwärtig

Karl-May-Museum

Mein Großvater in Thum im Erzgebirge hatte einen Glasschrank im Korridor stehen. An die 100 Bücher in glänzendem Silbereinband funkelten durch die Scheiben. Der Schrank war immer abgeschlossen. Als ich zwölf war, erwachte meine Neugierde. Schließlich fragte ich Opa, ob ich ein paar Bände ausborgen könnte. Er schloss den Schrank auf und zog vorsichtig vier Bände heraus: »Geh behutsam damit um, es ist eine Luxusausgabe von vor dem Krieg.« In den folgenden Jahren »verschlang« ich alle Bände.

Zu DDR-Zeiten hatte es Karl May schwer. Zu meiner Kinder- und Jugendzeit wurde er nicht publiziert, in der Schule »weggeschwiegen«. Den Ideologen des Sozialismus war seine pazifistische Philosophie suspekt. Verboten war er nicht. Das Museum in Radebeul fristete bis zur Wende ein Schattendasein.

In der Villa Shatterhand lebte unser liebenswerter sächsischer Spinner von 1895 bis zu seinem Tod im Jahre 1912. Original eingerichtet ist sein Arbeitszimmer im ersten Stock mit Schreibtisch. In sagenhafter Fleißarbeit saugte sich der unter armen Verhältnissen in Hohnstein-Ernstthal geborene Webersohn (das fünfte von 14 Kindern) die abenteuerlichsten Geschichten aus den Fingern, ohne bis dahin jemals einen Fuß auf den amerikanischen Kontinent gesetzt zu haben. Im Aufschneiden und Übertreiben war er schon immer spitze. Geltungssucht trieb ihn zum Diebstahl, so landete er im Knast. Er nutzte die Zeit zum Lesen in der Gefängnisbibliothek, begann selbst zu schreiben, der Rest ist eine Erfolgsgeschichte. Aus dem einstigen Hochstapler wurde ein Auflagenrekordhalter: Über 200 Millionen Bücher in 33 Sprachen wurden bislang von Karl May weltweit gedruckt.

Als Resonanz der Karl-May-Verehrung haben sich die alljährlichen Karl-May-Festtage im Mai entwickelt, wo sich der Lößnitzgrund zu einer Festmeile mit Tausenden Fans belebt. Karl May liegt in einem Tempel auf dem Radebeuler Friedhof begraben. Es ist das weit und breit pompöseste Grabmal, fast eine Wallfahrtsstätte mit Figuren von Selmar Werner.

Im Sommer galoppieren Old Shatterhand und Winnetou über die Felsenbühne in Rathen.

69

Am **Dorfanger Altkötzschenbroda** liegt
Die Schmiede
Altkötzschenbroda 21
01445 Radebeul
0351 8386707
www.schmiede-radebeul.de

Kultur- und Werbegilde
Altkötzschenbroda 21
01445 Radebeul
www.altkoetzschenbroda.de

GUINNESS-BIER UND FEINE WHISKYS

Dorfanger Altkötzschenbroda

Kötzschenbroda hat in seiner fast 800-jährigen Geschichte harte Zeiten durchgemacht: Die Hussiten brannten das Dorf 1429 ab, die Schweden raubten im Dreißigjährigen Krieg 1637 den Einwohnern Hab und Gut. Im Jahre 1805 raffte ein Flammenmeer das Dorf dahin. Zu DDR-Zeiten bröckelte der historische Dorfanger vor sich hin und verfiel in dunklen Grautönen. Im August 2002 kam das Elbe-Hochwasser mit 9,70 Metern Scheitelhöhe. Nur die am höchsten liegende Ecke mit Oberschänke und Kirche blieb verschont.

Baustile von der Spätgotik bis zum heutigen neogotischen Gewand zeugen von bewegten Zeiten der Friedenskirche. Ihre bedeutendste Stunde ereilte sie im Jahre 1645, als im benachbarten Pfarrhaus der Waffenstillstandsvertrag zwischen Schweden und Sachsen unterzeichnet wurde, der das Ende des Dreißigjährigen Krieges einleitete.

Schmale Giebelhäuser, lang in die Tiefe gestreckt, rahmen den historischen Dorfanger ein. Altkötzschenbroda gilt als ein positives Muster einer feinsinnigen und behutsamen Dorfkernsanierung nach dem Mauerfall. Radebeuler Architekten hatten mit ihren Ideen zu einer schlichten Zeilenbebauung Erfolg. Mehr als 20 Kneipen und Geschäfte beleben den Dorfkern zu jeder Tageszeit und bis spät in die Nacht.

Es lohnt sich, zu flanieren und in die einzelnen Höfe zu schauen, zum Beispiel in den Hof Nr. 21. Ein uriger Pub hat hier seit 1998 sein Domizil gefunden. Ralf Morgenstern und Peter Krampen verwirklichten nach einer Irlandreise ihre Idee einer eigenen Kneipe. Über 200 edle Whiskys, darunter die besten Single Malts aus Schottland, werden kredenzt, natürlich auch Guinness-Bier vom Fass – im Sommer auch draußen im kleinen lauschigen Biergarten. Whisky-Verkostungen im Gewölbekeller, die alljährliche Whiskymesse im nahe gelegenen Hotel *Anker* und der Whisky-Store um die Ecke offenbaren den Enthusiasmus der beiden und ihren Weitblick über das Glas hinaus. Leckeres Essen, Live-Musik und Open-Air-Diashows im Hof runden das pubeigene Kulturleben ab. Dazwischen bleibt natürlich Muße, ganz besinnlich dem gewaltigen Torffeuer eines 18-jährigen Taliskers nachzuspüren.

Wunderbares Ambiente auf dem Dorfanger beim Weinfest im September mit tausenden Besuchern!

70

Schloss Wackerbarth
Wackerbarthstraße 1
01445 Radebeul
0351 89550
www.schloss-wackerbarth.de

EIN FACETTENREICHES STAATSWEINGUT

Schloss Wackerbarth

Der barocke ehemalige Landsitz ist das bedeutendste Bauensemble der Stadt Radebeul. Bauherr Reichsgraf Christoph von Wackerbarth war Generalfeldmarschall und Kabinettsminister, erster Berater und Vertrauter von August dem Starken. Nach Plänen des Landesbaumeisters Johann Christoph Knöffel wurde die Anlage zwischen 1727 und 1730 erbaut, gedacht als Altersruhesitz für den Reichsgrafen. Graf Wackerbarth blieb nicht viel Zeit, das Gut zu genießen. Vier Jahre nach Fertigstellung des Anwesens starb er 1734.

In den nächsten Jahrhunderten durchlief Wackerbarths Ruh' eine unruhige Geschichte. Im 19. Jahrhundert war es eine Heilanstalt für Geisteskranke. Nach dem Krieg fungierte es als Hauptquartier der sowjetischen Armee. Anfang der 1950er-Jahre kristallisierte sich allmählich die bis zur Gegenwart reichende Nutzung als Weingut heraus.

Nach der Wende gelangte das Anwesen in den Besitz des Freistaates. Bis 2002 wurde die historische Bausubstanz sorgfältig restauriert, eine moderne Produktionshalle und zwei würfelartige Empfangshallen kamen hinzu. Sonderausstellungen im Schloss, etwa mit Zeichnungen von Armin Müller-Stahl, unterstreichen einen hohen Anspruch, ebenso das Spiel der Aromen, der Sommernachtsball und andere multimediale Veranstaltungen. Sortenreine, reblausfeste Edelzüchtungen wie Riesling, Weißburgunder und Traminer haben den Erfolg des Staatsweingutes kontinuierlich gefestigt.

Die Sektkellerei erweiterte in den 1960er-Jahren das Angebot. Bis heute werden die Sekte in klassischer Flaschengärung produziert und dabei gerüttelt und nicht geschüttelt! Geheimnisse dieser Art über Sekt- und Weinherstellung werden in 45-minütigen Führungen gelüftet.

Breite Wege zum Lustwandeln führen durch den Park und zum Belvedere empor. Sportlicher geht's über Treppen den Weinberg Fliegenwedel bis zum Aussichtspunkt Jacobstein hinauf. Ein eigenes Gasthaus mit feiner Küche rundet den Genuss auf Schloss Wackerbarth ab.

Führungen und Weinproben finden täglich statt, und im angegliederten Weinshop können Sie erlesene Tropfen in schlanker Flaschenform, der »Sachsenkeule« erwerben.

HÖHEPUNKTE AUS BESONDERER PERSPEKTIVE

Erlebnistouren

Von Potschappel an den Schweinsdorfer Alpen vorbei zur Quohrener Kipse! – Klingt das nicht »bomforzionös« (großartig)? Als Jugendliche machten wir uns einen Jux aus dieser Wortzusammenstellung. Die drei Ziele sind zwar als Tagesausflug ernsthaft denkbar, nur über den Reiz lässt sich zweifeln: Potschappel ist ein wenig attraktiver Ortsteil von Freital, bei den Schweinsdorfer Alpen handelt es sich um ein paar Hügel unter 400 Höhenmetern und die Quohrener Kipse ist eine aussichtslose, bewaldete Bergkuppe bei Possendorf.

Dresdens Umgebung hatte im Zweiten Weltkrieg keine massiven Zerstörungen wie die Stadt selbst zu verkraften. Die Landschaft blieb unversehrt, die Provinzstädte weitestgehend vom Bombenhagel verschont. Für die Dresdner ist die unglaublich harmonische Landschaftsvielfalt in den Nachkriegsjahren umso wichtiger zum Krafttanken gewesen, bevor es nach Tagesausflügen abends in die geschundene Stadt zurückging. Inzwischen hat sich die Stadt aufgerappelt und ist am Aufblühen. Die Landschaftsromantik ist konstant geblieben und lockt nach wie vor die Großstädter, ihre Lungen jenseits des Elbkessel-Smogs in frische Winde zu hängen. Groß ist die Anzahl der Einheimischen, die behaupten, wegen der herrlichen Umgebung in Dresden zu leben und nicht in erster Linie wegen der Stadt.

Die Landschaft weist in allen vier Himmelsrichtungen einen erstaunlichen Kontrastreichtum auf: Im Südosten liegt der spektakuläre Nationalpark Sächsisch-Böhmische Schweiz. Im Osten locken die sanften Berge der Oberlausitz bis hin zum Zittauer Gebirge sowie uralte Städte wie Bautzen und Görlitz. Im Norden entfalten flache Hügel der Endmoränenlandschaft mit Auenwäldern, Wasserarmen und Seen ihren entspannenden Charme. Im Westen bis Süden reckt sich das Osterzgebirge knapp 1.000 Meter empor, ein Langlaufski-Eldorado, auch lohnen reiche Silberstädte einen Abstecher.

In den folgenden elf vorgestellten Erlebnistouren habe ich die Konzentration auf weniger weit entfernt liegende Tagesziele gelegt. Alle ausgewählten Städte, Sehenswürdigkeiten und Wanderziele sind mit der S-Bahn unter einer Stunde Fahrzeit zu erreichen – Abfahrt tagsüber alle 30 Minuten ab Dresden Hauptbahnhof zu jeder vollen und halben Stunde. Freiberg und Weesenstein sind per Regionalexpress anzusteuern. Nur für das Kloster Altzella bei Nossen, Burg Stolpen und Tyssaer Wände in Böhmen sind öffentliche Verkehrsmittel eher umständlich. Auch Fahrradenthusiasten können die meisten Ziele leicht anvisieren oder in Kombination mit Regional- und S-Bahnzügen. Diese Variante bietet sich insbesondere für die beiden Städte Meißen und Pirna an, die direkt am Elberadweg liegen.

Bei den Erlebnistouren geht es ähnlich wie bei den vorausgegangenen Lieblingsplätzen um besondere Facetten des beschriebenen Zieles. So bietet Meißen mehr als Porzellan, und Moritzburg ist nicht nur Jagdrevier von Kurfürst August dem Starken gewesen. Die Materialfülle machte das Auswählen schwierig. Eine Buchseite für eine Stadt wie Pirna filtert bestenfalls ein Konzentrat heraus. Es sind wohl mehr diese gewissen Schwingungen von bestimmten Geschichten, die zu beschreiben mich gereizt hat. Eine Übersicht über alle lokalen Sehenswürdigkeiten und Höhepunkte können Sie bei den Verkehrsämtern und Tourist-Informationen bekommen. Bedenken Sie auch, je unvollständiger die ausgesuchten Ziele beschrieben sind, desto mehr ist Ihr eigener Entdeckergeist herausgefordert …

Interessant ist beim Thema Umgebung auch ein Blick in die Vergangenheit. Unsere Vorfahren gingen ja alles andere als zimperlich mit der Natur um und griffen im 19. Jahrhundert brachial in die feinsinnigsten Landschaftskompositionen ein. Am deutlichsten wird das am Plauenschen Grund, der sich am südlichen Stadtrand in Richtung Freital befindet.

Durch die unmittelbare Stadtnähe war er bei sensiblen Künstlerseelen kraft seiner »titanischen Naturfülle« sehr beliebt. Über 70 schwärmerische Literaturbeiträge geben Zeugnis von der Romantik dieser Felsschlucht, gehuldigt von so bekannten Persönlichkeiten wie Schopenhauer, Kleist, Goethe und Novalis, um nur einige zu nennen. Mit dem beginnenden Industriezeitalter kam das Ende für die einmalige Naturkulisse. Eine zweigleisige Eisenbahnstrecke wurde in das enge Tal hineingebügelt, mächtige Industriebauten kamen hinzu, die Talstraße wurde verbreitert und seit Kurzem quert auch noch die Autobahn gen Prag das ehemals verwunschene Tal, spucken zwei Tunnel röhrende Blecheimer auf Rädern aus. Tröstlich zu wissen, dass Dresdens Umgebung nicht generell so »zugeballert« worden ist.

Mir gefällt die Utopie, den Plauenschen Grund als Nationalpark zu erleben, was einen kompletten Rückbau aller Baumonster von Menschenhand in diesem Tal voraussetzt. Soweit sind wir noch nicht, bis zu dieser Reife werden wohl noch einige Generationen kommen und gehen.

71

Spaziergang durch die Altstadt Meißens
Startpunkt: Heinrichsplatz
01662 Meißen

Tourist-Information Meißen
Markt 3
01662 Meißen
03521 41940
www.touristinfo-meissen.de

DIE WIEGE SACHSENS

Spaziergang durch die Altstadt

Wenn ich flott unterwegs bin, brauche ich eine Stunde für die 26 Kilometer von Dresden auf dem linkselbischen Radweg bis Meißen. Dann ist die Vorfreude auf den Heinrichsplatz in Meißen groß, denn da lässt es sich wunderbar auf den Sandsteinstufen des Heinrichsbrunnens entspannen und italienisches Eis vom Café Venezia gegenüber schlecken. Über mir rauschen die Blätter von zwei Linden. Das fühlt sich leicht an bei all der geschichtlichen Schwere, die auf dieser Stadt ruht.

Anno 929 lässt der deutsche König Heinrich in strategisch bester Lage hoch über der Elbefurt ein Heerlager anlegen, aus dem sich die spätere Burg entwickelt. Wenige Jahrzehnte später gewinnt Meißen als Bischofssitz rasant an Bedeutung. Die Wettiner Fürsten errichten schließlich mit der Albrechtsburg das erste Wohnschloss in Sachsen im spätgotischen Baustil, lange bevor sie ein Stück elbaufwärts ziehen und Dresden zur neuen Residenzstadt ausbauen.

Die malerische Meißner Altstadt mit ihren Renaissancehäusern, verwunschenen Weinkellern, engen Gassen, steilen Treppen und verspielten Brunnen hat mich immer fasziniert. Zur politischen Wende 1989 sah es mit der Bausubstanz eher verheerend aus: Von 408 Altstadthäusern waren 204 kaputt und 55 einsturzgefährdet. Heute sind bis auf ein Dutzend Häuser alle topsaniert, ein Hoch auf den Aufschwung Ost!

Am höchsten hinauf reckt sich in Meißen der Dom. Die heutigen 81 Meter hohen Türme wurden erst vor reichlich 100 Jahren auf den Dom gesetzt, ein weithin sichtbares Wahrzeichen der Stadt.

Meißen wurde in seiner langen Geschichte sogar in Rätseln besungen: »Wo ist der Berg, auf dem drei Schlösser stehn, und nebenher drei Wasser gehn?« Die Auflösung lautet: Markgrafenburg, Bischofspalast und Burggrafenpalast sowie Elbe, Triebisch und Meisabach.

Das herbstliche Weinfest dokumentiert einmal mehr die Feierlaune der Sachsen. Feinsinniger geht es auf dem Literaturfest zu, bei dem im Juni Dutzende Autoren auf improvisierten Freiluftbühnen zu Lesungen einladen.

Dieser Tagesausflug von Dresden aus ist auch bequem per S-Bahn oder Elbdampfer möglich.

72

Schloss Moritzburg
Schloßallee
01468 Moritzburg
035207 87318
www.schloss-moritzburg.de

Churfürstliche Waldschänke Moritzburg
Große Fasanenstraße
01468 Moritzburg
035207 8600
www.waldschaenke-moritzburg.de

MÄRCHENHAFTES SPEKTAKEL

Schloss Moritzburg

Moritzburg gehörte zu den bevorzugten Ausflugszielen unserer Familie. Wir Kinder mochten die weiten Wälder und Auen zum Herumtollen. Selten gingen wir ins Schloss hinein, das Museum war uns zu langweilig. In den riesigen Räumen wirkte die Handvoll Besucher immer wie verloren. Doch das hat sich geändert: 1972/73 war Schloss Moritzburg ein Drehort des Märchenfilms *Drei Haselnüsse für Aschenbrödel,* und heute befinden sich Requisiten, Kulissen und Kostüme in den Schlossräumen – seit 2010 ein Volltreffer.

1542 entstand das ursprüngliche Jagdhaus unter Herzog Moritz von Sachsen. Zwinger-Architekt Pöppelmann baute 1723 im Auftrag Augusts des Starken den bisherigen Renaissancebau zu einem barocken Jagd- und Lustschloss um. Der Urenkel des Kurfürsten krönte einige Jahrzehnte später die Landschaftsgestaltung mit dem Bau des Fasanenschlösschens, Venusbrunnens, einem Hafen mit Mole und Leuchtturm.

Damit nicht genug ließ der Kurfürst eine Miniaturfregatte auf einer eigens eingerichteten Schiffswerft bauen. 1790 fand der feierliche Stapellauf statt. 50 kräftige Männer ruderten das Schiff zu Seeräuberspielen vor großer Zuschauermenge durch die Dardanellen, dem so bezeichneten Westzipfel des Großteiches, an dessen Ufer künstliche Ruinen und Bastionen mit echten Kanonen bestückt waren! Pulverdampf und Donner begleiteten das Theaterspektakel. Friedlicher liebte es die Kurfürstin, die auf einer eigens aufgeschütteten Insel im Großteich in ihren Teesalon einlud. Speisen und Getränke wurden mittels Prachtschaluppen aus der Hofküche angeliefert.

In unserer heutigen Zeit hat sich Moritzburg insbesondere mit der Karpfenzucht einen Namen gemacht. Das Abfischen im November lockt Tausende Zuschauer an. Das reizt Sie nicht?

Wie wäre es mit der allsommerlichen Hengstparade des Staatlichen Gestüts? Oder mit dem Schlosstriathlon? Oder mit dem Kammermusik-Festival? Moritzburg scheint sich als Adresse für Spektakel über die Jahrhunderte fest etabliert zu haben.

Lecker speisen können Sie in den Jagdsalons der Waldschänke. Auf Fasan mit Schrotkugeln hoffen Sie auf der Speisekarte allerdings vergeblich.

13

Klosterpark Altzella
Zellaer Straße 10
01683 Nossen
035242 50450
www.kloster-altzella.de

EINE ROMANTISCHE KLOSTERANLAGE

Kloster Altzella

Klöster sind für mich immer magische Orte, an Stellen errichtet, von denen es im weiten Umkreis keine geeignetere geben kann. So auch geschehen im Triebischtal bei Nossen anno 1162, als Markgraf Otto von Meißen 800 Hufen Land von Kaiser Barbarossa überschrieben bekam. Der Zisterzienserorden übernahm den Aufbau des Klosters, und bereits 1175 zog der Abt mit seinem Konvent aus dem Mutterkloster Pforta bei Naumburg in das Kloster Cella ein.

Am interessantesten ist der Zutritt ins heutige Klostergelände zweifelsohne von Westen. Eine kleine Dorfstraße schlängelt sich entlang gepflegter Vorgärten und biederer Einfamilienhäuser. Auf einmal macht die Straße einen Schlenker, und wie aus heiterem Himmel wird die artige Atmosphäre plötzlich von einem monumentalen Torbogen unterbrochen. Das romanische Portal würde noch mächtiger wirken, wären nicht Torweg und Umgebungsgelände um 1,6 Meter aufgefüllt worden, wodurch ein Teil der Säulen in der Erde verschwunden ist.

Das ist wie ein Symbol für das Schicksal des Klosters. Im Zuge der Säkularisierung im Jahre 1540 wurden die Klosterbauten in großem Umfang abgerissen. Bis dahin kam dem Kloster große Bedeutung in Mitteldeutschland zu. Bis zu 250 Mönche lebten nach den Regeln des heiligen Benedikt in ihrer eigenen Welt. Es gab in Altzella ein Konversenhaus mit Bibliothek, eine Schreiberei (Wirtschaftsgebäude), eine Stiftskirche, eine Abtei (Verwaltungszentrum), ein Schüttgebäude (Lagerhalle), einen Weinkeller, einen Klostergarten, ein Sommerrefektorium und einen Konventbau mit gotischer Kapelle, des Weiteren einen Mühlgraben zur Wasserversorgung und einen Klostergarten. Gepflegtes Ritual unter den geistlichen Brüdern war das gemeinsame Essen im Speisesaal. Von seiner beeindruckenden Dimension (45 Meter Länge und 14 Meter Breite) zeugt noch die malerische Ruine im Park. Es ist diese Mischung aus bewusster Parkgestaltung und verwunschenen Gemäuerresten, die heutigen feingeistigen Zeitgenossen in Altzella die romantische Ader in Resonanz versetzt.

Im Frühjahr und Herbst sind die Farben im von Laubbäumen geprägten Park besonders reizvoll.

74

Rundgang durch Freiberg
Startpunkt:
Dom St. Marien
Untermarkt 1
09599 Freiberg
03731 22598 (Konzerte und Führungen)
www.freiberger-dom.de

Tourist-Information Silberstadt Freiberg
Schloßplatz 6
09599 Freiberg
03731 273664
www.freiberg.de

KLEINE WELTSTADT IM ERZGEBIRGE

Rundgang durch den Stadtkern

Schneeberg, Annaberg, Schwarzenberg und Freiberg – all diese Städte verdanken ihre Entwicklung der Suche nach dem kostbaren Silbererz im Gebirge. Passender kann kein Name für eine Region sein: Erzgebirge! 2012 feierte Freiberg seinen 850. Geburtstag. Freiberg als »die Mutter der sächsischen Bergstädte« war im Hochmittelalter die größte Stadt in der Mark Meißen. Durch ihren Silberreichtum und ihre Bedeutung als Münzstätte hatte Freiberg großen Anteil am Wohlstand des Kurfürstentums Sachsen.

Der von Weltkriegen verschonte historische Stadtkern weist mit mittelalterlichen Bürgerhäusern über 500 Baudenkmäler auf! Der evangelische Dom St. Marien, eine dreischiffige spätgotische Hallenkirche, wurde 2019 als Weltkulturerbe eingestuft.

Gottfried Silbermann (1683–1753), königlich-polnischer und kurfürstlich-sächsischer Hof- und Landorgelbauer, hatte in Domnähe am Schlossplatz jahrzehntelang seine Werkstatt. Silbermann ließ auch im Freiberger Dom sein Können aufblitzen und bekam von der strengen Prüfkommission 1714 für sein Instrument einen ungemein »prächtigen Klang« bescheinigt. Insgesamt besteht die heutige Silbermann'sche Orgellandschaft in Sachsen aus 31 vorhandenen Orgeln von ehemals 45 gebauten Instrumenten.

Berühmt geworden in heutiger Zeit ist die ehemalige Lokalredakteurin Sabine Ebert. In ihrer fünfteiligen Romanreihe stellt die Gründung Freibergs im 12. Jahrhundert als Christiansdorf den Handlungsrahmen dar. Im Mittelpunkt der ungemein packend geschriebenen Geschichte steht das Schicksal der Hebamme Marthe, deren Leben sich in einem schonungslosen Existenzkampf zwischen Silber und Machtintrigen aufreibt. Sabine Ebert ist nach Karl May inzwischen zum erfolgreichsten sächsischen Schreibstar avanciert, mit über drei Millionen verkauften Büchern. Um anonymer arbeiten zu können, ist sie mittlerweile in die größere Weltstadt Leipzig umgezogen – Pech für die kleine Weltstadt Freiberg!

In einer Erlebnisführung 150 Meter unter Tage lernen Sie in Sachsens größtem und ältestem Silberbergwerk *Reiche Zeche* den Bergbau ab dem 14. Jahrhundert kennen.

75

Schloss Weesenstein
Am Schlossberg 1
01809 Müglitztal-Weesenstein
035027 6260
www.schloss-weesenstein.de

VON OBEN NACH UNTEN GEBAUT

Schloss Weesenstein

Der sächsische Historiker Alfred Meiche empfand das Müglitztal als malerisch und landschaftlich reizvoll. Im August 2002 ergab sich dem Betrachter von den Berghängen ein anderes Bild: Tagelanger Regen im Osterzgebirge hatte die Müglitz zum reißenden Strom anschwellen lassen. Heute erinnert nur bei genauem Hinschauen ein verändertes Dorfbild an die Katastrophe. Auch der Schlosspark ist in annähernd alter Schönheit wiederauferstanden.

Über 700 Jahre ist das Schloss auf einem Felssporn zu seiner heutigen Gestalt »herabgewachsen«. Der natürliche Felsen bildet den inneren Hauptpfeiler des Schlosses. Im Laufe der Jahrhunderte wurde er von allen Seiten fast vollständig zugebaut. Entstanden ist ein sehr kompaktes Gebäudeensemble, eine geheimnisvolle Märchenburg.

Während die wehrhafte Oberburg aus spätmittelalterlichen Zeiten stammt, erfolgten Erweiterungen zu einer schlossartigen Anlage im 15./16. Jahrhundert und schließlich im 18. Jahrhundert ein aufwendiger Umbau des Unterschlosses im Stile des Barocks.

Der Neubau des Vorschlosses und das Ansetzen des Wintergartens auf Parkniveau vollendete die intensiven Bautätigkeiten und erklärt das Kuriosum der umgekehrten Baurichtung über neun Stockwerke. Klein, aber fein ist der sechs Hektar umfassende barocke Schlosspark. Er wird von der Müglitz durchflossen, die ein großes Mühlrad unter der Burg speist.

König Johann liebte seine »heimliche Residenz« Weesenstein so sehr, dass er sich bei einer Reise inkognito in die Karlsbader Badeliste als »Le prince royal Jean de Saxe sous le nom de comte de Weesenstein« eintrug.

Das Schloss trumpft heute mit 45 sorgfältig eingerichteten Räumen auf, die teils mit wertvoll bebilderten Papier- und Ledertapeten ausgestattet sind. Neben der Schlosskirche ist insbesondere die Schlossküche aus dem 19. Jahrhundert mit ihrem riesigen Kamin imposant. Im ehemaligen Rittersaal und im Konzertsaal finden sowohl regelmäßig Matineen als auch musikalische oder literarische Abendveranstaltungen statt.

Königliche Schlossküche und Café bieten auch auf der Freiterrasse mit sonniger Aussicht ihre Gaumenfreuden an.

76

Spaziergang durch Pirnas Altstadt
Startpunkt: **Tom Pauls Theater**
Am Markt 3
01796 Pirna
03501 5850267
www.tom-pauls-theater-pirna.de

Touristservice Pirna
Am Markt 7
01796 Pirna
03501 556446
www.pirna.de

Juwel vor der Sächsischen Schweiz

Spaziergang durch die Altstadt

Pirna wirkt wie das Gegengewicht zu Meißen auf einer Wippe, deren Balken die Elbe und deren Dreh- und Angelpunkt Dresden ist. Wie in Meißen dominieren auch in der Pirnaer Altstadt Renaissancehäuser, die alleine schon einen vormittagfüllenden Spaziergang wert sind. Hoch über der Elbe thront auch in Pirna ein Schloss. Wie zum Hohn heißt es Sonnenstein, denn während der Naziära hat es als Euthanasie-Anstalt finsterste Zeiten hinter sich.

Bleiben wir lieber in der Altstadt. Als jüngster Erfolg liebevoller Sanierung wurde am Markt ein über 500 Jahre altes Gemäuer eingeweiht, das Peter-Ulrich-Haus. Der Baumeister hatte ähnlich den heutigen Musterhäusern damals in seinem eigenen Haus stiltechnische Raffinessen einfließen lassen, was die Kosten für die aufwendige Restaurierung in die Höhe trieb. Mit viel persönlichem Einsatz und finanziellem Rückenwind seitens der Stadt konnte der Schauspieler und Kabarettist Tom Pauls im November 2011 in den altehrwürdigen Mauern sein eigenes Theater eröffnen. Im Erdgeschoss lädt *Ilses Kaffeestube* (eine sächsische Kultfigur) zu Eierschecke und »frisch gebrühtem Bohnenkaffee« ein.

Sächsisch authentisch geht es auch im DDR-Museum zwei Kilometer südlich der Altstadt zu. Conny Kaden war nach der Wende als Lkw-Fahrer unterwegs. Ihm taten die vielen Möbel und Inventare leid, die die Leute nach 1989 aus ihrer Wohnung und auf seinen Lkw schmissen. Anstelle zur Müllhalde zu fahren und abzukippen, deponierte er gut erhaltene Stücke. In der ehemaligen NVA-Kaserne gründete er auf 1.500 Quadratmetern Ausstellungsfläche ein Refugium aus der DDR-Vergangenheit. Am beeindruckendsten finde ich die komplett eingerichteten Wohnungen in dem Museum und auch ein original ausgestattetes Schulklassenzimmer mit Holzbänken. Ich sehe mich als Schüler wieder darin sitzen, und anstatt dem Lehrer zuzuhören, summe ich meinen Lieblingshit von der *Stern-Combo Meißen* vor mich hin: *Also was soll aus mir werden?*

Drei Kilometer vor Pirna linkselbisch befindet sich der herrliche Barockgarten Großsedlitz.

77

Burg Stolpen
Schlossstraße 10
01833 Stolpen
035973 23410
www.burg-stolpen.de

EINE BURG, WIE SIE IM BUCHE STEHT

Burg Stolpen

Von weit her grüßen die markanten Türme der Burg auf dem längst erloschenen Vulkan. Vor 25 Millionen Jahren war er aktiv, und es entstanden die charakteristischen Basaltsäulen, die heute am Berg sowie in der Burg zu bestaunen sind. Die Burg selbst ist etwas jüngeren Datums, eine erste ungesicherte Erwähnung stammt von 1100. Durchziehende Soldaten setzten der Burganlage und dem angeschlossenen Städtchen immer wieder arg zu: 1429 Hussiten, 1632 kaiserliche Kroaten, 1639 Schweden.

Berühmt wurde Stolpen durch das Schicksal von Gräfin Cosel, deren Lebenskreis sich hier im Johannisturm nach ihrer Gefangenschaft 1765 schloss. 36-jährig wurde sie als Staatsgefangene nach Stolpen transportiert, 85-jährig starb sie auf der Burg. Um ihr tragisches Schicksal ranken sich unzählige Romane, Fernsehfilme und Theaterstücke.

Stolpen hat viele Geschichten zu bieten. Ein Kapitel ist die Wasserversorgung: Im 16. Jahrhundert trieb ein zehn Meter großes Wasserrad Saug- und Druckpumpen an, um durch Holzröhren Frischwasser auf die Burg zu fördern. Strategisch sicherer in Kriegszeiten erschien dem Kurfürstentum ein Brunnen innerhalb des Burggeländes. 24 Jahre lang schufteten vier Bergleute auf dem Grunde eines unendlich langsam tiefer werdenden Basaltloches. Bis zu zwei Kubikmeter Holz verfeuerten die Arbeiter am Tag, um den Steinboden zu erhitzen, bevor er mit Wasser abgeschreckt wurde. Dabei platzte das Gestein auf und konnte mittels Meißel herausgeschlagen werden. Ernüchternd war der Vorschub pro Tag: ein Zentimeter! Ob und wann man auf Grundwasser stoßen würde, wusste niemand. 1632 war es dann bei 84 Metern Tiefe so weit. Bis heute Rekord als tiefster Basaltbrunnen der Erde!

Dunkle Verliese, finstere Gänge mit Burggespenst, Hungerloch und Folterkammer deuten weitere dramatische Geschichten an. Oder Sie genießen einfach die famose Aussicht vom Siebenspitzenturm und freuen sich Ihrer Freiheit, einfach so am Ende Ihres Rundganges unter dem hochgezogenen Fallgitter zum Haupttor aus der Burg hinauszuspazieren.

Lohnenswert ist ein Rundgang über den historischen Marktplatz der Stadt und durch die Parkanlagen zum Basaltberg an der Burgrückseite.

WO MAN AUCH HINGUCKT: 'S IS' Ä DRAUM!

Sächsische und Böhmische Schweiz

Die poetische Bezeichnung dieser Landschaft verdanken wir zwei Schweizer Malern, die im 18. Jahrhundert in Dresden an der Kunstakademie lehrten: Anton Graff und Adrian Zingg. Sie packten an freien Tagen ihre Staffelei ein und gingen jenseits von Pirna auf Motivsuche in das wenig erschlossene Elbsandsteingebirge. Diese etwas nüchterne naturwissenschaftliche Bezeichnung wird poetischen Herzen keineswegs gerecht. Die beiden Maler wurden durch die bizarren Felsgebilde, Tafelberge und wilden Schluchten an die Naturschönheit ihrer Heimat erinnert. Rasch fand diese neue Definition über die Presse Verbreitung.

Als Start des Tourismus gilt mit dem Erscheinen des ersten Reiseführers das Jahr 1801, in dem zwei Pfarrer ihre Heimat mit Wandervorschlägen vorstellten. Die Route begann in Dresden, führte über Stock und Stein bis auf den Großen Winterberg (556 Meter) und endete in Schmilka. Die über 90 Kilometer lange Tour verlangte die Einteilung in mehrere Tagesetappen. Wer es sich leisten konnte, mietete für die harten Aufstiege an speziell eingerichteten Stationen Pferde, Maulesel oder Tragsessel. Auch die Rückfahrt auf der Elbe nach Dresden in angemieteten Gondeln deutet ein Bewusstsein für Reisekomfort an.

Meine Wegbereiter für dieses Naturparadies waren meine Eltern. Immer noch sehe ich meinen Vater am Sonntagmorgen tief über die Wanderkarte gebeugt eine neue Tour austüfteln. Meist fuhren wir mit unserem Skoda in abseits liegende Gebiete in der Sächsischen Schweiz. Das hatte den Vorteil, die Wanderwege für sich alleine zu haben, und den Nachteil, dass unser Familienquartett ab und an aus dem Wald kam und verdutzt auf ein Feld starrte – ohne querenden Wanderweg! Die LPG (Landwirtschaftliche Produktionsgenossenschaft) hatte wieder einmal einen weggepflügt. Vater verteidigte sich mit wedelnder Landkarte, wir Kinder grinsten und fanden das spannend – Abenteuer jenseits von zivilisierten Wegen!

Das ist sicherlich auch ein Motiv für die Scharen von Bergsteigern, die das Kletter-Eldorado bevölkern. Mir hingegen gefiel eher das Boofen. Bereits zu DDR-Zeiten war das Übernachten unter Felsüberhängen bei Jugendlichen sehr beliebt. Manchmal schliefen wir zu zehnt unter einem der Sandsteindächer, von denen es über 100 in der Sächsischen und Böhmischen Schweiz gibt. Lagerfeuer knisterte, Rotweinflaschen machten die Runde. Das Morgenwecken erfolgte per Trompete, deren Echo in den Felswänden garantiert alle Schläfer auch in den benachbarten Boofen weckte. Heute sind alle erlaubten 50 Boofen auf einem Plan korrekt ausgewiesen. Besonders in der Kernzone wird von Parkwächtern streng kontrolliert, ob der Übernachtungsfelsen auch ein offiziell genehmigter ist. Für die Geldstrafen bekommt man eine ordnungsgemäße Quittung. Wir sind in Deutschland.

Generalstabsmäßig hat die Tourismusbranche das Elbsandsteingebirge erschlossen. Wie wäre es mit dem Malerweg? Neben Graff und Zingg sind es der sächsische Hofmaler Johann A. Thiele um 1726 und mehr als 100 Jahre später Adrian Ludwig Richter und Caspar David Friedrich gewesen, die mit ihren Darstellungen die Welt der fantasievollen Felslabyrinthe populär machten. Was lag näher, als einen zusammenhängenden Wanderweg auf den Spuren der Maler anzulegen? Im Juni 2006 wurde der Malerweg feierlich eingeweiht, 112 Kilometer lang. Rasch stellte sich der Erfolg ein. Der Malerweg wurde in den Folgejahren sowohl zum »schönsten« als auch zum »beliebtesten« Wanderweg Deutschlands geadelt.

Ein Phänomen bei der Gestaltung von Ausflügen ist ja immer wieder die ungleichmäßige Verteilung der Touristen. Während sich zum Beispiel auf der Basteiaussicht in der Sächsischen Schweiz die Leute mühsam mit Ellbogen an das Geländer vorarbeiten, ist auf der Schrammsteinaussicht nur eine Handvoll Wanderer locker auf dem Felsen drapiert. Als Grundregel gilt auch in Sachsen: Je näher am Ziel bequemes Einparken möglich ist, desto höher die Besucherdichte.

Noch ein paar Sätze zur Böhmischen Schweiz. Die Landschaft ist ähnlich fantasievoll. Die Natur wirkt unberührter. Das Wegenetz ist weitmaschiger. Die Ausschilderung ist perfekt. Im Übrigen geht es in Böhmen wohltuend unperfektionistisch zu. Kneipen sind preiswerter. Böhmisches Bier schmeckt besser. Man spricht deutsch. Falls Sie den Ehrgeiz haben, tschechische Namen und Wörter aussprechen zu wollen, trainieren Sie zuerst ihre Zunge in rollmopsartigen Verschlingungen, bevor Sie sich an typische Worte mit mindestens vier Buchstaben ohne Selbstlaut (vrch smrk) herantrauen: das »r« schön rollen und ein kurzes »i« davor einhauchen!

Übrigens, ahnen Sie, wie unser Familienwandertagsproblem ausgegangen ist? Unser Quartett ist fluchend quer übers Feld gestapft, Vater vorneweg, bis er am Waldesrand triumphierend ausrief: »Na – nu guggd ä mol – hier geed der Weech weidor! Was saacht ihr nun?«

78

Rauensteine
Startpunkt der leichten Wanderung:
S-Bahn-Station Stadt Wehlen
01829 Stadt Wehlen
Bahnhofstraße
Länge: 7 Kilometer mit etwa 250 Höhenmetern
Dauer: 3 Stunden
Festes Schuhwerk notwendig

Touristinformation
Markt 5
01829 Stadt Wehlen
035024 70413
www.wehlen-online.de

EINE IDEALE EINSTIEGSTOUR ZUM WANDERN

Rauensteine

Mit 304 Metern sind die Rauensteine unspektakulär niedrig. Ihre stiefmütterliche Lage auf einem Hochplateau zwischen Wehlen und Weißig am westlichen Rand des Elbsandsteingebirges klingt wenig vielversprechend. Der Eindruck täuscht! Die Rauensteine bieten fast alle Elemente, die den Zauber der Sächsischen Schweiz ausmachen: skurrile Felsformationen, Kletterleitern, schmale Felsdurchstiege, kleine Brückenstege über Abgründen und immer wieder bestechende Aussichten!

Zuerst ein praktischer Tipp: Wegen des unterschiedlichen Start- und Zielpunkts empfiehlt es sich bei dieser Tour, den Zug zur An- und Abreise zu nehmen. Sie steigen in Wehlen aus der S-Bahn und wandern der gelben Markierung entsprechend auf einer Straße parallel zu den Eisenbahngleisen. Bald macht die Straße einen kleinen Schwenk nach rechts bergauf.

Vor einer Kurve verlassen Sie die Hauptstraße, es sei denn, Sie wollen dem Robert-Sterl-Haus eine Visite abstatten – dann die Straße circa 400 Meter weiter benutzen. Andernfalls nehmen Sie linker Hand eine steile Sackgasse in Angriff, die bald in einen richtigen Wanderweg übergeht. Allmählich wird der Weg flacher und Sie gelangen in lockeren Fichtenwald.

Am Pudelstein folgen Sie dem Abzweig links direkt in die Rauensteine. Nun beginnt der schönste Teil der Wanderung mit den oben beschriebenen Elementen. Sie wandern über schmale Felsrücken, es geht hoch und runter, und Sie können an Aussichtspunkten innehalten.

Kleine Kiefern klammern sich abenteuerlich über Abgründe an Felsen und bilden mit ihren korkigen Figuren malerische Motive. Der Höhepunkt naht zum Schluss: der Panorama-Ausguck hinter der Bergbaude. Bei guten Sichtverhältnissen ragen die typischen Tafelberge bis nach Böhmen vor Ihnen auf. Unmittelbar unter Ihnen steht ein einsamer Felsen im Wald – die Nonne, einer der einfachsten Kletterfelsen im Bergsteigerparadies.

Nach Stärkung an der Bergwirtschaft steigen Sie durch den Wald den rotmarkierten Weg nach Rathen hinab. Die S-Bahn bringt Sie elegant nach Dresden retour.

Empfehlenswert ist das Malermuseum im originalen Atelier und Wohnhaus des Impressionisten Robert Sterl in Wehlen-Naundorf.

79

Barbarine am Pfaffenstein
Startpunkt der anspruchsvollen Wanderung:
S-Bahn-Station Königstein
Schandauer Straße
01824 Königstein
Dauer: etwa 4 Stunden
Länge: 12 Kilometer
Schwindelfreiheit erforderlich

Touristinformation Königstein
Pirnaer Straße 2
01824 Königstein
035021 68261
www.koenigstein-sachsen.de

HOCH HINAUF!

Barbarine am Pfaffenstein

Ein Geheimtipp ist er nicht – der Pfaffenstein. Unübersehbar und selbstbewusst reckt sich dieser typische Tafelberg 150 Meter über der Hochebene bei Pfaffendorf empor, und wenn Sie die Wanderung von Königstein starten, was ich Ihnen empfehle, sind Sie mit 300 Höhenmetern dabei. Auch bei dieser Tour bietet sich die An- und Abreise per S-Bahn an, und spätestens ab Wehlen lohnt sich der Ausblick zur Elbseite hin.

An der plätschernden Biela gehen Sie ins Tal hinein, lassen die barocke Kirche St. Marien rechts liegen und folgen nach 400 Metern der roten Markierung eine steile Straße links in Richtung Pfaffendorf. An der ersten Spitzkehre laufen Sie geradeaus weiter und kommen bald in dichten Nadelwald. Steil steigt der Wanderweg zum Felsmassiv des Quirls an.

Eine erste Verschnaufpause bietet Ihnen die begehbare Höhle Diebskeller. Der Weg führt in weiter Kurve um den Quirl herum und in leichter Steigung zum Plateau am Pfaffenstein. Der Finalanstieg auf den Tafelberg empor hat es noch einmal in sich. Oben angekommen, lohnt sich ein Abstecher nach rechts. Jetzt wird es richtig spannend!

Hoch und runter geht es über kurze senkrechte Stiegen. Schmale Treppen führen Sie durch ein ganz enges Felslabyrinth, bei dem Sie automatisch den Bauch einziehen. Da, auf einmal öffnet sich der Fels zu einem ungesicherten Plateau, von dem Sie linker Hand den erhabensten Blick auf die sagenumwobene Barbarine genießen.

Auf dem Rückweg kommen Sie an der Bergwirtschaft mit Turm vorbei. Hier lädt der Biergarten zur Stärkung ein. Am Opferkessel (Panoramablick!) linker Hand und an der Goldschmidthöhle rechter Hand vorbei steigen Sie die fast senkrechten stählernen Stufen im Nadelöhr vom Pfaffenstein hinunter, laufen weiter durch Nadelwald abwärts und erreichen das offene Feld oberhalb von Pfaffendorf. Der mit grünem Punkt markierte Wanderweg geleitet Sie direkt bergabwärts bis nach Königstein retour.

Alternativ zur S-Bahn können Sie die Rückfahrt nach Dresden ab Königstein per Schaufelraddampfer unternehmen.

80

Tyssaer Wände
Startpunkt Wanderung:
Ortskern
CZ-40336 Tisá
Dauer: 3 Stunden
www.tisa.cz

Anfahrt per Bus ab Pirna. Oder im PKW über die A 17, Abfahrt Petrovice bis nach Tisá.
Busfahrplan 0351 8526555
www.vvo-online.de

BIZARRE FELSENSTADT

Tyssaer Wände in Böhmen

Bereits 1828 wurde die Felsenstadt Tyssaer Wände in einem Wanderführer hervorgehoben und gehört damit zu den ältesten Wandergebieten im Elbsandsteingebirge. Auch mit öffentlichen Bussen ist das Dörfchen Tisá in Tschechien neuerdings recht einfach zu erreichen. Am besten, Sie steigen mitten im Dorf an der Kirche aus und visieren die Felswände über die Stufen an. Bald gelangen Sie zum zentralen Einstiegsplateau, erkennbar an einem hölzernen Kiosk, an dem ein kleines Eintrittsgeld zu entrichten ist.

Unsere Vorfahren versuchten der überbordenden Vielfalt mit ordnender Hand zu begegnen und verliehen den markantesten Felsgebilden entsprechende Namen wie Januskopf, Beichtstuhl, Warzenstein oder Elefantenfuß. Insgesamt 75 Bezeichnungen für originell geformte Felsgebilde sind überliefert. In der Wissenschaft werden diese durch Erosion entstandenen natürlichen Skulpturen etwas trocken auch als »Felsmikroformen« oder noch umständlicher als »Pseudokarsttropfsteingebilde« bezeichnet. Schmale Wege schlängeln sich durch die Felstürme, Klammen, Rippen und Löcher. Interessant sind auch die Verfärbungen am Gestein. Hellgelbe Abbruchkanten kontrastieren mit dunkelgrau verwitterten Felsen. Am Ende des ersten Rundweges durch die Kleinen Wände gelangen Sie über eine Treppe auf das Felsplateau hinauf und können einen guten Überblick über die Felsstadt genießen, bevor es zur zweiten, längeren Runde in die Großen Wände hineingeht.

Auch hier spazieren Sie an eigentümlichen Felskolossen entlang, mit so humorvoll passenden Bezeichnungen wie Schmugglerrucksack, Krokodilkopf, Schlankheitsprobe oder Napoleonschuh. Am Umkehrpunkt passieren Sie den zweiten Eingang zur Felsstadt und können im Restaurant der Touristenbaude eine Pause einlegen.

Lohnenswert ist auch ein Abstecher zum vier Kilometer entfernten Hohen Schneeberg, mit 723 Metern der höchste Berg des Elbsandsteingebirges, der eine der schönsten Aussichten auf die Sächsisch-Böhmische Schweiz bietet.

Familienempfehlung: Ihre Kinder werden vom Klettern, Kraxeln und Erkunden in den verrückten Steingebilden begeistert sein.

81

Edmundsklamm und Prebischtor
Startpunkt Wanderung: CZ-40717 Hřensko
Dauer: circa 5 Stunden mit 400 Höhenmetern
Festes Schuhwerk erforderlich
www.prebischtor.de

Anfahrt per S-Bahn ab Dresden bis Schöna oder per Auto über Pirna–Bad Schandau

DAS GRÖSSTE FELSENTOR EUROPAS

Edmundsklamm und Prebischtor

Ein Feuerwerk an Eindrücken erwartet Sie: 15 Kilometer wilde Schluchten, Kahnpartie, Hohlwege und Kletterpfade, Steilanstiege und Wiesen, Felsentreppen und Sandsteindome! Auf geht's mit der S-Bahn von Dresden bis Schöna, wo Sie mit der Fähre über die Elbe setzen und in Hřensko in den Taleinschnitt hineingehen, immer am Fluss Kamenice entlang stromauf. Nach einem Kilometer wird das Tal enger, die Edmundsklamm beginnt.

Am rauschenden Fluss zieht sich der Wanderweg zwischen senkrechten Felswänden entlang. Nach zwei Kilometern gelangt man zur Schleuse, wo Sie von kräftigen Männern in den bereitstehenden Kähnen positioniert werden. Ein Bootsmann stakt am Heck mit einer langen Stange den Kahn vorwärts. Zum Greifen nah treten Felsen an das Boot heran, die Kulisse wird immer unheimlicher. Nach einer halben Stunde geht es wieder an Land. Durch kurze Felstunnel hangelt sich der Pfad am Flussufer entlang, bevor sich der Wanderweg aus dem Tal hinauf zum Hang nach Mezná emporschraubt.

Nach zwei Kilometern auf einer Baumallee erreicht man Mezní Louka (Rainwiese). Sie überqueren die Straße und steigen den rot markierten Wanderweg bergan. Dichter Wald umgibt nun den Wanderer, Hohlwege geben ihm Geborgenheit. Über die Gabrielina stezka (den Gabrielensteig) geraten Sie mit zunehmender Höhe in die bizarren Felskulissen der Flügelwand. Die Krönung stellt nach einer weiteren Stunde das Prebischtor dar (Pravčická Brána), ein Sandsteinfelsbogen mit einer Spannweite von 27 Metern an der Basis und 16 Metern Höhe! In fernen Kinderzeiten durfte ich noch drüberrennen … Lohnend ist die Fernaussicht von der Felsplattform einige Stufen aufwärts.

Der Steilabstieg führt durch dichten Wald bis zur Talstraße, auf der Sie nach drei Kilometern wieder in Hřensko eintreffen. Hier schließt sich der Kreis dieser Tagestour. Noch ein letzter Blick von der Elbe-Fähre zurück auf die Felswände an der Mündung der Kamenice. Abschied fällt meist schwer, auch für dieses Buch ist er nun gekommen. Auf ein Wiedersehen in Dresden!

Lassen Sie sich von der böhmischen Küche im Dorf Mezná mit Gulasch und Knödeln verwöhnen.

Blick von der Bastei
Sächsische Schweiz

Jan Hübler / Kirsten Balbig
Lieblingsplätze
Rund um Dresden
192 Seiten, 14 x 21 cm
Klappenbroschur
ISBN 978-3-8392-2624-7
€ 17,00 [D] / € 17,50 [A]

Von erloschenen Vulkankegeln bis zu Bergwerksstollen tief unter der Erde, von seenreichen Urstromtälern bis in wildromantische Schluchten: Die Region rund um Dresden bietet in allen vier Himmelsrichtungen erstaunlich konträre Landschaften. Begleiten Sie Jan Hübler und Kirsten Balbig zu ihren Lieblingsplätzen quer durch die Ober- und Niederlausitz, das Erzgebirge, die Sächsische Schweiz und für einige Abstecher in das nahe Böhmen. Lassen Sie an versteckten Orten, malerischen Schlössern und stillen Ufern die Seele baumeln oder von einzigartigen Sandsteinmassiven den Blick weit ins Land schweifen.

GMEINER